改悪「盗聴法」その危険な仕組み

足立昌勝 著

社会評論社

目　次

第Ⅲ部　資料編

はじめに

1．2016年3月29日、ついに、戦争法と言われている安全保障関連法が施行された。これにより、自民党政権が従来から認めてきた「専守防衛論」から集団的自衛権を容認するという大きな歴史の節目を経験することになった。特に、重要影響事態法では、自衛隊が地球的規模で米軍などを後方支援することを認め、武力攻撃事態法では、自衛隊が集団的自衛権を行使することを認めている。これらは、有事に際しての武力攻撃を可能とするものであり、戦争への道そのものである。

国防保安法や軍機保護法の制定という歴史が示す通り、戦争への道は、秘密保護がその第一歩であった。2013年12月13日、圧倒的多数の民衆が反対の声を叫んでいる中、特定秘密保護法は強行採決され、成立してしまった。この特定秘密保護法は、基本的には軍事機密を保護の対象としていた戦前の秘密保護法と異なり、秘密の範囲をはるかに広げている。すなわち、防衛秘密、外交秘密、特定有害活動防止秘密、テロ活動防止秘密が秘密とされた。安全保障関連法とのかかわりで、特定秘密のほとんどは、防衛秘密が占めている。それは、「民が主の国」という国民主権に反し、「民ハ依ラシムベシ。知ラシムベカラズ」という日本の統治者が昔からとっていた統治理念そのものである。特に後者すなわち特定有害活動防止秘密とテロ活動防止秘密が含まれたことにより、秘密の主体が外務省や軍隊に限定されず、警察活動をも秘密の対象に取り込んでいる。

これらは、情報の持つ二つの側面、すなわち対外的安全と対内的安全にかかわる情報を含んでいる。国家と国家との関係において国家を守ろうとする、これは対外的安全の問題である。これに対し、国家の中において、統治者から見ると敵がいるとすれば、その敵から統治者そのものを守ろうとするのが対内的安全の問題である。この対内的安全の保護を任務とするのが警察であるが、なぜ警察情報が秘密にされなければならないのであろうか。まさにそれは、国家が秘密警察を持ち、秘密警察が情報を集めていることを知られては困るからである。したがって、公安警察が収集した情報はすべて秘密なのである。

この特定秘密保護法で初めて「テロリズム」が定義された。12条2項は、「政治上その他の主義主張に基づき、国家若しくは他人にこれを強要し、又は社会に不安若しくは恐怖を与える目的で人を殺傷し、又は重要な施設その他の物を破壊するための活動」と規定している。この定義は、行為としては殺傷と破壊に限定としているが、殺傷や破壊の対象については限定がない。また、その行為の前提となる目的についても、他人に政治上の主義主張を強要する目的又は社会に不安・恐怖を与える目的が必要とされているが、その範囲は限定されていない。したがって、この規定は、非常にあいまいであり、際限なく拡大される危険性を有している。

この特定秘密保護法には、共謀の独立処罰規定が設けられている。すなわち、特定秘密漏示罪又は特定秘密取得罪に当たる行為の遂行を共謀した者は、5年以下の懲役とされた（25条1項）。

共謀罪制定策動は、民衆の力強い闘いにより粉砕されてきた。その決定的闘いは、2006年の自民党による民主党案丸呑み提案をめぐる闘いであった。それ以降、民主党政権誕生などにより、共謀罪は永遠に葬られたかの様子を呈していたが、FATF（金融活動作業部会）の相互審査により、政府に対し、パレルモ条約（跨国組織犯罪条約）の批准が勧告されたことを契機に、共謀罪の制定策動が始められた。これは、昨年11月のパリ連続爆破事件からの過剰反応として叫ばれている。

共謀罪を立証するためには、共謀現場を盗聴することが重要である。それについては、本文を熟読されたい。

最後に、特定秘密保護法、共謀罪、盗聴法は、民主主義と市民社会を崩壊させる3点セットである。特に、対内的安全の確保を理由とした場合、この3点セットは大きな力を発揮するであろう。この3点セットは、警察権限を強化し、「民ハ依ラシムベシ。知ラシムベカラズ」の統治理念を貫徹するものであり、絶対に許してはならない。民主主義と市民社会を守るために。

２． 昨年３月13日に衆議院に上程され、５月19日法務委員会に付託された刑事訴訟法等改正案は、一部修正のうえ、８月７日、本会議で可決され、参議院に送付された。それは、８月21日参議院法務委員会に付託されたが、法務委員会には、民主党が議員立法として提出したヘイトスピーチ対策法案（「人種等を理由とする差別の撤廃のための施策の推進に関する法律案」）が６月24日に付託されていた。そこで、これらの法案が先議案件と後議案件として複雑に絡むことになったが、議会の会期終了に伴い、９月25日、両法案とも継続審議とされた。

法制審議会を全会一致で通し、日弁連執行部の賛成を得た刑事訴訟法等の一部改正案は、自公政権にとって成立させなければメンツの立たない法案である。そこで、自民党は、そのネックとなっているヘイトスピーチ対策法案の扱いを巡って、自民党案を提出することにより、両法案のねじれを解消し、刑事訴訟法等一部改正案の審理促進と早期成立を図ろうとした。

自民党の提案は、公明党の賛成を得たうえで、自民党案としてのヘイトスピーチ規制対策法案（「本邦外出身者に対する不当な差別的言動の解消に向けた取組の推進に関する法律案」）を、今年の４月８日、参議院に提出し、それは、４月13日、法務委員会に付託された。

このようなねじれの解消の動きを受け、４月14日、法務委員会で刑訴法等の一部改正案の審議が開始された。与党側は、この際に一気に審議し、会期末までに可決したいとの思惑である。

衆議院法務委員会の審議は、約70時間行われた。それの７掛けとしても、参議院での審議時間は約50時間必要である。これは、一日５時間の審議をしたとしても、10日の審議日数が必要となる。ところが、６月１日の会期末まで、残された法務委員会開催日は、５月では最大限６日しかない。４月の分を足しても、９日であろう。

参議院議員の任期切れに伴う選挙がある関係で、今国会での成立がなければ、この法案は廃案となる運命である。そこで与党は、何としても成立させたいのであろう。

この法案は、本文で述べるとおり、非常に大きな問題を含み、私たちの市民生活にも重大な影響を与えるものである。

そこで、この法案、特に通信盗聴法の対象犯罪の拡大は、国家、とりわけ警察による市民生活の監視を認めようとするものであり、許すわけにはいかない。本書とともに、この法案を廃案へと導こうではないか。

３．ここで、本書の構成について触れておく。

本書は三部構成をとり、第Ⅰ部として「市民社会を崩壊させる刑事司法改革案」、第Ⅱ部として「通信盗聴法改悪の全面的批判」、第Ⅲ部が「資料編」である。

第Ⅰ部は二つの講演録である。現代治安法制の位置づけを取り上げ、特定秘密保護法の持つ意味と刑事司法改革法案を分析している。また、パリ連続爆破事件を契機として、政府・与党やマスコミでは共謀罪の必要性が叫ばれていたことに着目し、共謀罪の持つ意味を考えてみた。さらに、「Ｑ＆Ａ・刑訴法等の一部改正案の問題点」を掲載している。

第Ⅱ部が、本書の主題である。この法案で提起されている盗聴法の改悪はどのような形で提起されてきたのであろうか。また、どのような内容なのであろうか。それらを全面的に批判している。

第Ⅲ部では、多くの資料を取り上げている。通常は知りえない資料も含まれ、この資料編だけでも、非常に価値あるものと理解している。

第Ⅰ部　講演録

市民社会を崩壊させる
刑事司法改革案

特定秘密保護法と刑事司法改革法案

講演録 1
2015.10.11

1．一括法案の持つ意味

⑴ 一括法案としての提案
——安保法案は 11 本、刑事司法改革法案は 9 本を 1 本に

昨年の第 189 回国会（2015 年 1 月 26 日召集／ 9 月 27 日終了）で一番大きかったのは、安全保障関連法案が衆・参両院で強行的に可決されたことでした。この「戦争法」審議の時、最後の 3 日間、私は、国会前での抗議行動に参加しました。私の専門は刑事法なので、この抗議行動の前までは、刑事司法改革法案の「盗聴拡大」や「司法取引の導入」に反対する闘いをしていたのです。

「戦争法」は、11 本の法案が 1 本の法案になっています。内容的には、改正する法律が 11 本あります。刑事司法改革法案は、「盗聴法」、「司法取引導入」など、9 本が 1 本にまとまっています。

仮に、「戦争法」の内容である 11 本の法律を 1 本にまとめて、衆議院だけで 110 時間審議したとします。するとそれぞれ 1 本の法律で考えればたったの 10 時間しか審議していないことになります。11 本を全部バラバラにして、それぞれを 50 時間審議したら 550 時間必要です。そんなに時間をかけられない。だから政府は強引に、11 本を 1 本にしてしまいました。全く主旨が違うのに、強引に、11 本の法案を 1 本にしてしまうやり方では、何時間審議をしても審議に時間を使っていないのと一緒です。

刑事司法改革法案の方も同じです。9 本を 1 本にして、衆議院で 70 時間審議したけれども、1 本当たりで考えると 8 時間しか使っていませ

ん。たったの８時間で重要な盗聴法を通してしまおうというのです。

なぜこういうことができるのかは、十分な説明がなされていません。言われているのは、11本の法律の目的・趣旨が同じだということ。同じ趣旨、同じ目的のものだから１本にできる、同じ委員会で審議できる、というわけです。

安保法制の委員会は、特別委員会での審議です。元々ある委員会ではなく、そのために委員会をつくったわけなので、委員会が一緒に決まっています。問題はそれぞれの内容が本当に同じなのかということです。海外に自衛隊員を出すことと、集団自衛権を認めることが同じ内容でしょうか。これは、内容が違うわけです。

⑵「解釈」に慣らされてしまった国民

私は、基本的には古い人間で、「憲法９条絶対派」です。〝憲法９条の下、軍隊は絶対にもってはいけない〟というのが私の基本的立場です。

学生に、「頭を真っ白にして９条を読んでください」、「読みましたね。ではこの９条の下で、軍隊を、あるいは自衛隊をもつことが可能ですか」と聞くと、ほとんどの学生は「できません」と答えます。日本国憲法の９条というのはそういうものなのです。それなのに、いつの間にか「解釈」という言葉で、憲法の内容を変えてしまっているのです。私から言わせれば、あれは解釈ではない。そのことすべてを、私たち国民がみんな慣らされてしまっているのです。そしてついに集団的自衛権というものが登場してしまいました。

２．憲法と人権

⑴ 権力を抑制するための憲法

憲法とは何でしょうか。昔、憲法はありません。聖徳太子の「17条憲法」というものがありますが、あれは憲法ではない。人の道を説いただけであり、論語の世界と同じようなものです。アメリカは、独立戦争のあと、世界で最初に憲法をつくり、人権宣言を出しました。フランスでは、フランス革命が起きて、人権宣言が出されました。そのような動きの中で、はじめて憲法はできてきたのです。その前の時代には、憲法はなかったのです。

なぜ憲法がいらなかったのかと言えば、独裁者が自分で国を運営していたからです。では何のために憲法は必要かというと、独裁者がもっている権力を抑制するためなのです。国家という抽象的なものは、放っておいたら何をやるか分かりません。その国家の権力行使を縛るために存在しているのが憲法です。今の自民党が考えている改憲草案は、〝国は絶対的に正しいものであって、国民はそれに従ってきなさい〟という基本精神のものであって、これは、憲法とは言えません。憲法は、あくまでも〝国家権力は悪である、それをいかに限定させるか〟というものなのです。

⑵ 私たちが、この国のあり方を決定する

私たちは民主主義社会に住んでいます。では、民主主義とは何でしょうか。シールズが演説する時に、「民主主義って何だ？」と声をかける、するとそこに集まっている群衆が「これだ！」と答える。自分たちがやっているのが民主主義だと言う。考え方とすれば間違っていません。

民主主義は、孫文の時代、「民本主義」と訳されました。今、日本では、民主主義と訳されています。英語だとデモクラシー。デモクラシーというのは、ラテン語で、「デモス」「クラティア」という二つの単語が、デモスクラティア、デモクラシーと、一つの言葉になったものです。「デモス」は多数、「クラティア」は統治するということ。すなわち、デモクラシーとは多数が統治するということです。すると、多数決の原理が民主主義だと理解されても、形式的には間違いではありません。しかし、民主主義という言葉とデモクラシーとは、私は違うと思っています。

民主主義は、民が主の社会です。民が主ということは、私たちがこの国・この社会の主人公ということなのです。私たちがこの国のあり方を決定することができる。政治家が決定できなるわけではない。安倍首相がいくら、〝自分が憲法を決めるのだ〟と言っても、実際はできません。

だからシールズの人たちが、「民主主義って何だ？」「これだ！」と言うのは正しいのです。自分たちが「これでやるのだ」と言っているのですから。

3．特定秘密保護法

⑴「軍機保護法」「国防保安法」
——秘密が拡大した日本の歴史

2013年12月、特定秘密保護法が国会で強行採決されました。その条文には、この法律で対象とされる秘密とは何かが書いてあります。ここに指定されている秘密は、「防衛秘密」、「外交秘密」、「特定有害活動防止に関する秘密」、「テロリズムの防止に関する秘密」、この四つです。

日本の歴史を考えてみると、1945年（昭和20年）に日本はポツダム宣言を受諾して完全に負けたわけです。しかし、それ以前の1943年(昭和16年)、非常に大きな転機がありました。「軍機保護法」が大幅に拡大され、また「国防保安法」という法律ができました。国家総動員体制の下で、国の防衛のために使われる法律ができたのです。この国防保安法で、秘密の範囲が非常に広がりました。

しかし、それ以前の日本の社会は、明治から殖産興業の時代でした。西洋を見本にしながら先進国に早く追いつこうと、日本はどんどん軍事力を強化しました。そこで最初に行なったのが、1894年（明治27年）の日清戦争です。10年後の1904年（明治37年）が日露戦争。さらに10年後の1914年（大正3年）には第一次世界大戦に参戦しました。そして最後に、第二次世界大戦、あるいは15年戦争と言われる中国侵略が始まってしまうわけです。

この戦争の歴史と日本の防衛秘密を守る動きは非常に一致しています。日清戦争の時はまだなかったのですが、日清戦争が終わったあと、「軍機保護法」という軍事機密を守る法律ができました。つまり戦争遂行体制がそこでつくられ、ずっと軍機保護法で軍事上の秘密は守られてきたのです。それが、先述した国防保安法では、閣議決定の内容、枢密院会議（国会）の非常に重要な議事等が全部秘密にされました。国民には、国会で何をしているのかが分からなくなってしまったのです。

⑵ 最低限認められるのは交渉中の「外交秘密」

2013年につくられた「特定秘密保護法」では、「防衛秘密」の他に、「外交秘密」と「テロリズム」、「特定有害活動」という三つを秘密の中に入れました。

先述したように、私は、「9条厳格派」なので、本来軍事機密はあり得ないという立場です。軍がないのだから、機密などは存在しません。しかし、一応機密が存在するという前提で考えた場合、軍という基本的な性格のものに伴う秘密は存在します。作戦計画というのは、必ず秘密でしょうから。

第二次世界大戦末期、日本の地図には三浦半島（浦賀）は存在しませんでした。呉港（宇品）も、広島の軍港だから、一部は地図になかったのです。つまり、軍の施設のある所は地図から消してしまいました。天気予報も「軍用資源秘密保護法」で秘密とされ、馬の数も軍馬にかかわるから秘密でした。そのように非常に幅広く秘密が存在していました。しかし、私は、それらは最小限認められる防衛秘密ではないと考えています。

私が考える最小限認められるものは、外交秘密です。

ＴＰＰ交渉が妥結しました。私たちが得をするのか損をするのかについては、よく分かりません。でも、ＴＰＰ交渉をしている最中のものは秘密でしょう。交渉中の事項は秘密にしなければ、交渉相手国が有利になるからです。現在交渉中の案件は秘密であってもいいと私は思っています。ただし、このＴＰＰのように、妥結し、次に国会で批准のための審議がされる時には全部明らかにすべきです。だから、外交秘密は、非常に特定的な側面では存在するかもしれないのです。

⑶ 公安警察の活動領域が広がった

「特定有害活動」と「テロリズム」、これらは秘密ではありません。この二つが特定秘密とされたことによって得をしたのは警察です。特に公安警察です。今までの公安警察は非常に陽の目を見ない所でした。ところがこれによって、彼らの活動領域がものすごく広がりました。本当は秘密ではないものに、公の秘密の印を貰って活動することができるようになったのです。

「特定秘密の保護に関する法律」の12条の2項を見ると、1号に、「特定有害活動及びテロリズム」と書いてあり、特定有害活動で丸カッコが入っています。それが特定有害活動の定義です。

すなわち、「公になっていない情報のうちその漏えいが我が国の安全保障に支障を与える恐れがあるものを取得するための活動、核兵器、軍用の化学製剤若しくは細菌製剤若しくはこれらの散布のための装置若しくはこれらを運搬できるロケット若しくは無人航空機又はこれらの開発、製造、使用若しくは貯蔵の為に用いられるおそれが特に大きいと認められる物を輸出し、又は輸入するための活動その他の活動であって」と、ここまでが特定有害活動という活動です。

続いて、「外国の利益を図る目的で行われ、かつ、我が国及び国民の安全を著しく害し、又は害するおそれのあるものをいう」これが特定有害活動です。

これは秘密でなければいけないものでしょうか。秘密でなくてもいいでしょう。自分たちが充分管理をすればすむ話です。なぜこれが秘密でなければいけないのでしょうか。

⑷「テロリズム」とは主義主張に基づく殺傷・破壊

次に「テロリズム」についてです。

テロリズムとは、「政治上その他の主義主張に基づき、国家若しくは他人にこれを強要し、又は社会に不安若しくは恐怖を与える目的で他人を殺傷し、又は重要な施設その他の物を破壊するための活動」です。

これについては非常に誤解がありました。テロリズムの活動は、人を殺傷し、物を破壊するための活動を言う。この条文の最後のところの、「人を殺傷し、または重要な施設その他の物を破壊するための活動」、これがテロリズムの活動です。その前に書いてある「主義主張に基づき、国家若しくは他人にこれを強要し、または社会に不安若しくは恐怖を与える」これはみんな「目的」にかかります。「こういう目的で人を殺傷し、あるいは重要な物を破壊する活動をテロリズムと言うよ」ということです。

これについては、有名な全国紙Aも誤って伝えていました。「政治的な主義主張に基づいてこれを強要することもテロリズムになる」と。そうではないのです。全てが「目的」にかかるので、テロリズムの活動は、「殺傷する」か「物を破壊する」こと、この二つしかない。でも、これも秘密なのでしょうか。

⑸ 国民の監視が目的

バスや電車に乗ると、よく「特別警戒実施中」と書いてあるのを見かけます。神奈中バスには、前方にビデオカメラが付いていませんか？東急バスや小田急バスにも付いています。多分、神奈中にも付いているでしょう。そのすぐ近くに「特別警戒実施中」と書いてあります。

日本で、本当にテロの危険性があるのでしょうか。山口組が二つに割れたから、暴力団の抗争はあるかもしれない。でもこれはテロではありません。テロというものが日本で起こり得るのでしょうか？　かつて、「友人の友人はテロリスト」と言った大臣がいました。ああいう発想の人が大臣を務めているから、日本はおかしくなるのです。日本には、テロが発生する基は、今はないと思われます。昔の連合赤軍の時代は別ですが、今ははるかに警察力が強くて、そんな活動など絶対できません。それなのに何でテロリズムを防止しなくてはいけないのか。これは、私たち国民を監視するためにつくられたのではないかと思われます。

⑹ 公務員の「守秘義務違反」、懲役10年

次に罰則についてです。「特定秘密の保護に関する法律」の23条のように、特定秘密は、最終的に刑罰を科して守ることになります。

かつて「沖縄密約事件」というのがありました。沖縄返還交渉で、日

本政府は国民に嘘をついて沖縄返還を実現したわけです。その嘘は結局、公には出てこなかった。

当時、毎日新聞の記者だった西山太吉さんがその嘘を暴きました。ある外務省の女性職員から聞き出して、それを野党の議員に渡して追及させた。そのことが、おかしな方向へと進めてしまいました。でも、あれだって罰則付きなのです。それは、国家公務員法違反、地方公務員法違反です。ここでの規定は、みんな「守秘義務違反」です。そもそも公務員には秘密を守る義務があります。この守秘義務に違反した場合、刑罰は、懲役1年です。ところが今回はすべて懲役10年以下なので、はるかに重くなっているのです。

(7)「特定秘密漏示罪」「特定秘密取得罪」ともに懲役10年

特定秘密保護法23条に規定されているのが、「秘密漏示罪」です。特定秘密を扱うことを業務としている者が、自分が扱っている特定秘密を外に漏らしたら漏示罪になります。次の2項の対象は事業者、すなわち業者です。防衛省なら防衛省から貰った秘密を外へ出してしまった時のことです。これは、懲役5年以下の刑罰です。

次に24条についてです。23条は公務員、あるいは準公務員が対象でしたが、24条は、民間人が処罰される側です。処罰されるのは、私たち、あるいは新聞記者です。市民運動をやっている人たちも可能性があるかもしれません。24条は、「人を欺き、人に暴行を加え、もしくは人を脅迫する行為により、又は財物の窃取若しくは損壊、施設への侵入、有線電気通信の傍受、不正アクセス行為、その他の特定秘密を保有する者の管理を害する行為により、特定秘密を取得した者は、10年以下の懲役」と規定しています。これが「特定秘密取得罪」であり、一般の人がその秘密にアクセスし、それを取得してしまう行為です。つまり、秘密を扱う人がまず漏示罪で処罰され、次に新聞記者など、秘密にアクセスする人が秘密を取得したら、同じ重さの罪になるということです。

4. 刑事司法改革

⑴「無罪推定」の大原則

「名張毒ぶどう酒事件」(1961年) というのがありました。この10月4日 (2015年)、犯人とされた奥西勝さんが八王子医療刑務所で亡くなりました。事件当時、公民館に人が集まり、会合で葡萄酒を飲んでいました。そのうち、参加していた人たちの具合が悪くなって倒れ、亡くなる人が出ました。このような事件では、犯人は必ずいるけれども、誤判が許されるものではありません。

昔は、ビールの王冠を歯で空けることをしました。それと一緒で、ワインを口で開けたらしく、ワインの王冠に歯型がついていました。それが証拠なのですが、歯型は奥西さんのものではありません。だから彼は一貫して無実を主張してきました。一度、名古屋高等裁判所で再審開始決定が出ています。ところが、検察側が異議申し立てをし、結局最高裁がそれを認めてしまいました。その時再審がちゃんと始まっていれば、彼は生きて帰ったのかもしれません。

新聞などで被疑者･被告人として書かれると、一般的に、世間の人は、もうその人を犯人だと思ってしまいます。しかし、被疑者･被告人には『無罪推定』がずっと働いていて、有罪が確定するまでは無罪が推定されます。無罪推定の原則が一番大切だと考えられています。

ところが、今度の刑事司法改革法案でそれを変えようといています。その法案は、衆議院では採決され、参議院に送られました。参議院では、ヘイトスピーチ法案との絡みで継続審議となっています。それについては、次の通常国会で審議が始まるかどうかという段階です。私の、主観的な甘い予想では、ヘイトスピーチ法案との絡みが続き、次の通常国会で廃案になるのではないかと思っています。

⑵ 窃盗犯罪でも盗聴可能に

この刑事司法改革法案では、内容的に言うと、盗聴対象犯罪が大幅に拡大されています。現行の盗聴法では、盗聴対象犯罪が「薬物犯罪」「銃刀法犯罪」「密航」「組織的殺人罪」の四罪種に限定されています。この四つは組織犯罪であり、基本的には、暴力団が絡んでいます。一般人は、基本的には対象にならない犯罪です。ところが、今回の改正では、一般刑法犯罪を対象とするのです。「窃盗」「詐欺」、これも対象になります。窃盗は、日本で一番多い犯罪です。窃盗犯罪から盗聴することが可能になるのです。

ここからわかるように、盗聴対象犯罪が組織犯罪から一般刑法犯へと広げられるのです。これはまさに、「盗聴法の質的転換」でしょう。

⑶「司法取引」導入で新たな冤罪も

さらに、「司法取引」が導入されます。

例えば、私がある組織の一員で犯罪を行なったとしましょう。そこで、警察に逮捕されます。警察から「組織のことを話せば、おまえは不起訴にしてやるよ」ともちかけられます。私は心が弱いから、「分かりました」と、ペラペラ話してしまいます。そうすると、私は無罪もしくは非常に軽い刑罰で済んでしまう。でも、ここには、私に売られた人がいるわけです。売られた人は、私の証言によって有罪になってしまうでしょう。しかし、私が言ったことが百パーセント正しいとは限りません。私が嘘を言っているかもしれないのです。

このような司法取引が日本で導入されたらどうなるのでしょうか。新たな冤罪が生まれるでしょう。だから、多くの人たちによって反対されているのです。

こういう司法取引は、「戦争遂行のための社会的援護体制」を確立することにつながっていくのではないでしょうか。つまり市民を監視して、「戦争に反対するような世論ができることを許さない」ということにつながっていくでしょう。

5. マイナンバー制度

⑴ 政府の説明に疑いをもとう

マイナンバー制度の政府の説明には、「社会保障、税、災害対策の分野で効率的に情報を管理しましょう」と書いてあります。そして、期待される効果は大きく三つあると言っています。一つ目が、所得や他の行政サービスの受給状況が把握しやすくなるため、公平・公正な社会を実現するという「公正・公平な社会の実現」。二つ目が「国民の利便性の向上」。これは行政手続の簡素化です。三つ目が「行政の効率化」。「マイナンバー制度を導入すると、こういう良いことがあるのだから、賛成してください」と政府は言っています。

非常に分かりやすい特集記事が朝日新聞に掲載されていました。しかし、この記事にも大きな特徴があります。そもそも「なぜマイナンバー制度が悪いのか」ということについては、何も書いていません。「情報が漏れてしまう」という指摘はあるけれども、本当にマイナンバー制度はいい制度なのであろうか？　そこで、私は今日、「この説明に疑いをもとう！」とわざわざレジュメに書きました。

そこで挙げたのが、ＯＥＣＤ(経済協力開発機構)の８原則です。そこには原則１から原則８までがあります。これは世界各国の個人情報保護やプライバシー保護に関する法律の基本原則となっているものです。

⑵ 情報を一つにまとめれば、その家の傾向が現れる

このマイナンバー制度で集められるのは、いろいろな情報です。

私は、横浜市青葉区に住んでおり、ここはちょうど横浜と川崎との境に位置しています。私の家のすぐそば、川崎市の大深度地下をリニアモーターカーが通る計画になっています。健康被害などは言えるけれども、リニアは地中だから地上の地権者の権利は関係ないので、地権者としては権利がないから何も言えないわけです。ところが、第二東名をつくる、

中央環状道路をつくるという時に、どこの土地を買収したら一番早く道路ができるかと考えたら、どうしたらいいでしょうか。反対派がいない土地を買えば早いのです。でも、反対派がいない土地は、どうやって見つければ良いのでしょうか。

そこで登場するのが「情報のマップ化」です。これは、情報を地図にしてしまうことです。情報を地図にすることによって、よけた方がいい家が事前に分かります。道路をつくる場合、真っ直ぐ通せば反対派の人の家が入ってしまうから、完成するまでに、時間がとてつもなくかかってしまう。だったら少し曲がってもいいから、そこはよけた方がいいのではないかと、こう考える。全部の情報を一つにまとめることによって、その家の傾向が出てくるのです。

例えばどういう新聞をとっているか。『赤旗』をとっていれば、共産党員かもしれないとか、『聖教新聞』をとっていれば創価学会員かもしれない、などと分かる。上下水道の使用状況で把握できることもあるでしょう。つまり、いろいろな情報を一つにまとめれば、その家の特徴がつかめてくるのです。それを「情報のマップ化」と、昔は言っていました。

(3) 個人情報やプライバシー保護に関するＯＥＣＤ８原則

では、このＯＥＣＤの８原則を見てみましょう。

・原則１　「収集制限の原則」

情報は法律に則った公正な手段で集めなければいけないとあります。普通、警察に捕まれば、必ず指紋10本は採られます。場合によっては、髪の毛を採られるかもしれません。これは、ＤＮＡ鑑定に使われます。逮捕されたら、情報がどんどん採られてしまいます。しかし任意の場合はできません。そうすると、家宅捜査の時に拾ってきた、その髪の毛からＤＮＡを採るというのは、公正な手段ではありません。「髪の毛を一本ください」と頼んで、任意提出させれば別ですが。これは、ＯＫされてできることです。

・原則２　「データ内容の原則」

データは常に最新のもので正しいものでなくてはならないとありま

す。

・原則３　「目的明確化の原則」

データを収集する時は、その目的を明確にしなくてはなりません。それを使うのは目的に合致していなければならないのです。

・原則４　「利用制限の原則」

それを利用することについて本人の同意が必要であるということです。

・原則５　「安全保護の原則」

情報は紛失、破壊、使用、改ざん、漏洩などから保護されなければいけません。だから、今回のマイナンバー制度で、「情報が紛失する」「漏れる恐れがある」などということは、この８原則から言えば、本来考えられないものなのです。原則５があれば、当然のように、その管理者は情報を守らなければいけません。それは義務です。

・原則６　「公開の原則」

データを収集する場合は、収集することを公開しなくてはいけません。

・原則７　「個人参加の原則」

自分に関する間違った情報を集められたら、異議申し立てができます。個人がその情報にアクセスができるのです。

・原則８　「責任の原則」

個人データの管理者は、その責任をもたなくてはいけません。

以上が、ＯＥＣＤの８原則です。

⑷ マイナンバー制度は８原則に違反する

ここで大切なのは、「収集目的が異なっていれば、データを一緒にしてはいけない」ということです。収集目的ＡとＢは違うわけであり、ＡとＢを一つにまとめたら、結合してしまいます。結合することによって、「情報のマップ化」が可能になるのです。だから、それぞれの情報は、収集目的に従って利用されなくてはいけません。

このように考えた場合、このマイナンバー制度はどうでしょうか。集めた情報を一つにしていないだろうか？　これは、明確にＯＥＣＤ８原則に違反しているのです。だから多くの人は、この制度に反対です。「情報漏えいの恐れがあるから反対」などと言うのは本質的議論ではありません。本質的議論というのは、私たちのもっているプライバシー、すなわち個人情報についての議論であり、「個人情報は勝手に集められてはいけない。政府は勝手に集めてはいけない。地方自治体は勝手に集めてはいけない」、そして、「集めたら、収集目的ごとにそれぞれ別々にする。収集目的に従って利用されなければならない」――ＯＥＣＤ８原則ではこう書いてあるのに、マイナンバー制度は、それを全部一緒にしてしまおうとする制度なのです。

⑸ 楽になるのは行政、しわ寄せは市民に

朝日新聞の記事には、「マイナンバーでいらなくなる行政手続の例」というのがあります。そこには「年金、医療・介護、子育て・教育などでこういう行政手続きを省くことができます」と書いてあります。それは行政側の都合であり、私たちの側の都合ではありません。行政が楽をするのは勝手ですが、そのしわ寄せを私たちに押し付けていいのか、ということが問題なのです。

そこには、「でも、セキュリティなどの課題がどうかな」と、イラストがありますが、私から言わせれば、こういうのは末梢的議論なのです。こんなのは行政機関が守るのは当然のことです。そうではなく、先ほど言ったような大きな視点からマイナンバー制度を問題にしなくてはいけない。情報が結合されたら大変なのです。

⑹ 韓国の失敗例

マイナンバー制度に近いことをやっている国もあります。そこで、韓国の実例を紹介しましょう。朴明浩『注目されるマイナンバー制度の安全性と利便性とは』は、次の事例を挙げています。

韓国では住民登録番号が行政だけでなく、民間でも幅広く使われており、個人を識別する基本的なキーとして使われています。行政での情報

閲覧や各種証明書の発行だけでなく、金融関連手続き、各種会員登録（Webサイトの会員登録を含む）まで幅広く使用されています。

そのため、行政機関だけでなく住民登録番号を含めた個人情報を大量に持っている一般企業が多いことから、攻撃者から狙われるケースも非常に多くなります。民間企業にとってはコストの安い闇業者から入手するケースが少なくありません。なお、個人情報の入手先が異なっても、共通の識別キーである住民登録番号があるため、それぞれ異なる個人情報の内容でもマージしやすくなるので、良し悪しは別として情報を使用する立場からすると非常に利便性が高いと言えます。

一方、この住民登録番号は今までの過去発生した個人情報漏えい事故（事件）の大半で住民登録番号も漏えいしており、正確な数字ではありませんが、過去発生した事故（事件）の内（重複を除いても）約80％以上が漏えいしているといわれています。昨年1月に発生したカード情報の漏えい事件だけでも1億3000万件が漏えいしました。韓国の人口が約5000万人なのでカードを使用している人口の、90％以上の情報が漏えいされたことになります。

これは、韓国での失敗例です。韓国では、このような失敗が、しばしば起こっているといわれています。マイナンバー制度は、絶対に正しいものではなく、間違った情報が平気で入ってきてしまう、要するに行政側の論理でつくられているのです。私たちの立場でつくられているものではないのです。

⑺ 国民が主人公であることが忘れられる

本来、私たちがこの国の主人公です。この国のあり方を決定できるのは、私たちです。だから、一番いいのはスイスのように、最終的には直接民主主義で解決することなのです。国が小さいからできるのかもしれないけれども、スイスでは、重要なことは国民投票で解決しています。日本は非常に人口が多くて、1億2千万人、あるいはそれ以上います。18歳、20歳以上の人たちの投票といったら凄く大変です。だから、日本では、間接民主主義しか採用されていません。だけど、私たちがこの国、この社会の主人公なことは変わりません。何事も、私たちが決定できるのです。

秘密法もそうです。私たちが決定できるのに、「俺たちが秘密をつくるのだ」と政府は言っています。「俺たちのやっていることは秘密なのだから、お前らアクセスしちゃいかん」と言うわけです。そうではないでしょう、私たちが主人公なのですから。私たちに内緒でやるのは悪いことなのです。

先述したように、最小限の、現に交渉中の外交事項は、秘密でもいいでしょう。防衛秘密でも、作戦計画など、非常に限定的な防衛秘密はありうるとは思います。だけど、その場合、私たちが主人公であることが忘れられていってしまいます。マイナンバー制度でも同じことが言えるのです。これだって、行政の側の論理で進めていくわけですから。

私たちが主人公だというのは、シールズの「民主主義って何だ？」「これだ！」という、それでいいと思います。1億2千万人がそれを叫べば、安倍政権はもうとっくに転覆しただろうと思っています。

⑻ 私たちの情報が、どんどん勝手に集められる

私は、情報は国や地方公共団体が完全に管理すべきものだとは思いません。行政の在り方に伴って、秘密はあるでしょう。

たぶん、私の個人情報を、東京の警視庁は結構もっていると思います。警察白書などで過激派と言われている人たちと、私は結構つきあいがありますから。そういう人たちのデモ行進に行ったり、集会で話をしたりします。すると公安刑事が、20人、30人といる場合もあります。あいつは何を話しているか……と、そこで情報が集められるわけです。だけど、私は、警察がもっている情報にアクセスすることはできません。情報開示を求められないまま、公安は勝手に情報を集めています。彼らはＯＥＣＤ８原則に明確に違反しています。情報収集は勝手にしていいことではないのです。

ところが、先述したような、特定有害活動防止に関する秘密があります。原発に反対したり、大飯原発再稼働に反対したりすると、「お前ら

悪い奴だ」となるわけです。「止めさせる、破壊するような活動をするから、特定有害活動に入る」と。「それを防止するための秘密なのだから」と、なってくるでしょう。すると、私たちは集められている自分の情報にアクセスできないのに、どんどん勝手に情報が集められているわけです。

⑼「国」とは何か

そのような形で、日本という国では、私たちが知らない間に、私たちの情報がどんどん国家管理されてしまっているのです。それが良いこととは、私は絶対に思いません。そういうことを考えると、「『国』というものは何なのだろうか」と、もう一度考えてみる必要があるでしょう。

「国」というのは抽象的なものであり、存在しません。抽象的に立法・行政・司法が集まっているのを「国」と言っているに過ぎないのです。特に、日本の場合は行政国家です。「議院内閣制」と言っても、行政が法律をつくっています。議員が法律をつくるわけではないのです。日本のあり方を決定しているのは行政機関なのです。

民主党政権がうまくいかなかったのは、行政機関がサボタージュしたからです。政府が出した政治綱領を受けて、政策化、実行できるようにするのが本来の行政機関の役割であるにもかかわらず、それのサボタージュによって、民主党政権は長続きできなかった、という側面があるのです。

ところが、自民党政権とは慣れ親しんでいるから、行政機関から「こうやったらいかがですか」と自分たちから政策を出すわけです。インターネット中継で衆議院、参議院の委員会を見てください。大臣の質がいかに低いかが分かるでしょう。

私たちが主人公である国・社会は、どうやったらつくっていけるのか、本当に考えなくてはいけない時代が来ています。

＊本講演は、山田広美さんがテープ起こしをし、講演録としてまとめたものに加筆・修正しました。山田さんに感謝します。

パリ連続爆破事件と共謀罪

講演録 2016.2.20 2

1. パリ連続爆破事件とは何か

(1) はじめに

私は、今日「パリ連続爆破事件と共謀罪」というテーマでお話したいと思います。

私はテロ事件とは申しません。ですから、2001年の9月11日でしたか、ニューヨークのツィン・タワー、あれも航空機衝突事故といっている。

「テロって、何だろう？」と考えた時に、私にはよくわからないのです。国際的にテロというものの定義は、基本的には存在しません。だから、テロという言葉を使う人はどういう意味を持たせているのであろうか。定義については後ほど話しますが、やはりテロという言葉を、私は、使いたくないと思っております。

それではレジュメ（本書42頁）に従いながらお話したいと思います。私のレジュメは、少し資料もはさみまして、14ページに渡っております。これ全部話するわけではございません。話していたら終わっちゃうと思いますので。

最初に、パリ連続爆破事件とは何なのだろうかということです。これは去年11月13日の夜9時過ぎ、EU時間で夜9時20分ごろに、フランスのパリにあるサン＝ドニのスタッド・ド・フランスという、フランスのサッカー場でありラグビー場である競技場で、当時ドイツとフランスのサッカー試合が行われていたのですが、その時に爆破事件が起きたというのが始まりでした。

そして、全部で合わせて死者120名、負傷者300名以上が出たわけです。

丁度、私は、その一週間前に同じサン＝ドニの大聖堂にフランス王朝のお墓を見に行きました。マリー・アントワネットとか、フランスの歴代王朝のお墓が、そのサン＝ドニの駅のすぐ脇にある大聖堂にあるのです。それを見に行って、そしてラグビーもやっているというので、サン＝ドニの球技場まで、途中まで行ったのです。ですけど、そこでまさか一週間後に爆破事件が起こるとは、全く思っておりません。それから終わった後、15日ですか、追悼の人達がどんどんどんどん、共和国広場、Republique 広場ですね、広場に集まってお花を手向けておりました。私は、その広場にも、一週間前に行っているのです。だからもし一週間遅く私が行っていたら、あの中にたぶん入っていて、今ここにこうしていないのじゃないかなという思いです。

⑵ フランスおよびパリの特徴

フランスでは、日本のような国勢調査は行われたことがないのです。だから、正確な住民数はわかっていません。パリだけでも100万人以上が統計にプラスになっている可能性すらあるのです。このことは、基本的にはフランスのアフリカにおける植民地支配と関連があります。

フランスは、かつての植民地から移住してくる人達に門戸を開いています。だから、どんどんと多くの人たちがフランスに入ってきます。そのこと自体が許されている。

フランスで今行われている国勢調査というのは、推定方式です。現実に行われた一定の地域での調査を基にして、他の地域の人口を推定します。このような推定するというやり方です。だから、実際の人数は把握されていません。どれだけいるかわからないのです。

サン＝ドニの町というのはパリの大分北の方でが、私がサン＝ドニに行った時に、ちょっと異様さを感じました。パリの街中、一区とか二区とかと比較して、街中のその洗練された町ではない。住居となっているビルが薄汚れているような感じがしたので、なんかちょっと違和感を覚えたような気がいたします。

⑶ オランド大統領による戦争突入宣言と非常事態

さてオランドはどうだったのであろうか。オランドは、この爆破事件を受け、「もう戦争に突入したのだ」ということを言いました。そして地中海にシャルル・ド・ゴールという空母を派遣して、どんどんと空爆を加え始めました。

ところで、それもまた戦争なのだろうかという疑問を私は持っています。対テロ戦争という戦争は本当にあるのだろうか？　という疑問は相変らず持っています。パリでは、14日から3日間、非常事態宣言が出された。これは3日間です。それで、17日に国民議会で、非常事態法が制定されて3ヶ月間の期間、非常事態がフランス全土で施行されました。そしてさらに2月16日に、5月26日までの3ヶ月間さらにこれが延長されました。

非常事態ってなんだろうか。今日のテーマではないので申し上げませんけれども、簡単に言えば、司法権も立法権もなくなるのです。

日本では、関東大震災の時に戒厳令が敷かれました。その時は、戒厳司令長官の名において裁判がなされたのです。戒厳司令長官の名において立法が行われました。これはどういうことでしょうか。ドイツでは、ナチスが政権を取りました。その時の憲法は、ワイマール憲法そのものです。だけど、ヒットラーは、国会で授権法を通した。その法律に基づき、すべての権限がナチスに授権された。立法を通じての市民の委譲があった。だからナチスは、好き勝手に全部出来たのです。そういうことが、結局は起きてしまうのではないだろうか、そういう気が致します。

今日資料に加えてありますけれどもピケティというル・モンドの記者がいます。ピケティ・コラムというのを書いています。これはパリの連続爆破事件を受けて、政府側はどういう対応をすべきなのだろうかという視点から書かれており、治安、治安と言っていてはだめなんだよ、つまり力でそれを制圧しようとしても結局は報復の連鎖になってしまう。そうじゃない、別の方策を考えないといけないだろう。

2．国連の名による抵抗の抑圧

⑴ 住民の抵抗とテロ

最後の方にもう一度言いますが、テロって何なのだろうか。フランス革命を行った人たちはテロを行ったのだろうか？　日本で戊辰戦争とか色々ありました。それらは、テロなのでしょうか。と、ふと考えてみたくなります。

そうすると、日本の江戸時代で言えば、一揆ではありませんが、抑圧された人々の抵抗の運動が現れたに過ぎない。それがさらに、大きくなった。力が強くなった。それがテロと言われているものではありませんか。

つまりそこで、統治されている人たち――被統治者――が抵抗権を発動して、今の政治はいやだよ、というＮＯを突き付けている運動の究極的な姿、あるいは力に基づく抵抗運動ではないでしょうか。

その抵抗という言葉があるからこそ、市民革命は行われたわけです。市民社会を正統化する啓蒙主義思想家の一人にイギリス人のジョン・ロックという人がいます。ジョン・ロックの『市民政府二論』の根拠になっているのは、この抵抗権の容認なのです。ですから、抵抗権を無しにしては何も生まれないことは明白です。

今、20世紀末から21世紀にかけて、ほとんどの国がテロという言葉を使います。ロシアもそうでしょ、テロって使いますね。もっと使っているのは、中国じゃありませんか。ウイグルとか、チベットの人たちに対して、何か暴動が起きれば、「あれはテロだ」と、決めつけて言っています。

私は、中国が大好きで何回も行っています。友達も沢山います。でも、中国の政府のあのやり方は大嫌いです。つまり、強権的な抑圧的なあの姿勢、そして自分達じゃない限りは人でもないような取り扱いをする。あれは、本当の姿なのであろうか。

⑵ 統治者による住民抑圧の正当化

そこで、国連というのはどういう存在なのかを考えてみよう。

国連は、国家の集団です。現在、国家は、150 以上ありますね。それが、国連加盟してそれで一つの話し合い、世界秩序を作ろうとするわけです。それは元に戻って言えば、統治者の論理の貫徹じゃありませんか。そこに被統治者、抑圧された住民の側の論理は全然入ってこない。そうすると、住民による抵抗運動は、国連の名によって、鎮圧されることが正当化されてしまう。その理由として使われているのが、テロという言葉なのだと、私は思います。ですから、テロという言葉は使いたくない。そして、その次の 3 ページ（本書 44 頁）を見てください。

2008 年の洞爺湖サミットで作られたものです。そこの 2 段目ですね。「我々は」というところです。「既存のテロ防止関連条約及び議定書を締結し」云々と。そして「この国連関連で我々は 13 本目のテロ関連防止条約である核テロリズムの行為の防止に関する国際条約の発効を歓迎し、すべての国連加盟国が同条約を締結することを推奨する」、そして、それの最後にですね、「国連のテロ対策措置の実施に向けて加盟国を支援するため、G8 はテロ対策委員会事務局および国連薬物犯罪事務所を含む国連及び関連機関との協力を行ってきている」と書いてあります。

つまり、この言葉の中から共謀罪の動きへとつながっているわけです。日本は、その先ほど触れたパレルモ条約という国連条約を署名はしたけれども、まだ批准はしていない。

2015 年 1 月 8 日の「テロ等国際組織犯罪に関する安保理決議第 2195 号」というのがあります。そこに、下に書いてある通りです。これは、外務省のホームページからとったのですが、前文の 4、5、10、13 というところに書いてあることを見てください。

そして、主文として 1、2、3、4、5 とずっと、つまり、ここでも同じように条約を批准しなくてはいけないよ、それから下から 2 行目、3 行目、主文 5 のところで、「加盟国に対して、特に国連腐敗防止条約ならびに資金洗浄およびテロ資金対策に関する包括的な国際基準である

40のFATF勧告を、必要な法制を整えこれを効果的に執行することを含め」って書いてあるでしょう。40のFATF勧告というのが、日本では共謀罪推進の要件とされているのです。ここには、相互監視といって、お互いを監視するシステムができている。そこで、日本はこのFATFの40の勧告の達成度からすると非常に低いのです。日本政府の立場から言うと、中国よりも下なのか、恥ずかしくてしょうがない。だから、パレルモ条約を早く批准したいということが、でてまいります。

⑶ テロの定義

テロの定義とくに国別概況については、資料を参照してください。

日本の特定秘密保護法の12条でテロリズムっていう定義がある。かっこして、「なになにをいう」というと。そこでは、主義主張、政治上の主義主張がまず大前提としてあって、それから、人民と人々と命とか財産とか建物とかを破壊する目的があって、武力とか、破壊行為をするとか、殺人するとかね、そういうことなのです。

3つの要件が日本にはあります。これはまだ限定的な方です。中国はもっとずっとはるかに広いです。ですからもう何でもテロに入ってしまう。

アメリカも2011年、いや、2001年のツインタワー事故以来、愛国者法といいましたね、それ以来どんどんどんどん、テロに関する条項を作っております。

⑷ 日本のマスコミと政府・与党の過剰な反応

さて、次の「パリ連続爆破事件を受けた日本のマスコミや政府与党の過剰な反応」についてです。

一番早く過剰な反応をしたのは産経新聞です。

さっき11月13日といいました。向こうの夜9時です。8時間経つと日本の5時じゃありませんか。17時だから。朝5時です。14日の5時。そして翌15日の産経の朝刊の産経抄とかいう一番下の欄があるのですよ。そこに、次のように書かれています。

「サンデーモーニングに見る相も変わらぬ一国平和主義」。これは6チャンのTBSの日曜日の番組です。それを批判しながら、11月16日にこの抄が、コラムが書かれています。

「テロを未然に防ぐのは難しい。とはいえ成功例はある。その一つが、2006年8月に英国で発覚した航空機爆破テロ未遂事件だった。英国各地に向かう複数の旅客機を空中爆発する。この計画を事前につかんだロンドン警視庁はイスラム過激派につながる犯人グループの逮捕にこぎつけた。」ということなんですね。

そして、「パリではそれが不十分だったからだ、あんな大きな事故が起きちゃったよ」、と。「来年にサミット、5年後に五輪を控える日本にとっても、もちろん他人事ではない。昨日の朝、久しぶりにTBSの情報番組サンデーモーニングをみた。さすがにテロ対策に識者が意見を交わすものと期待していたら、当てが外れた。どうあてがはずれたか？対策よりもテロ組織との誠実な対話が大事だという。そもそも過激組織が勢力を伸ばすきっかけになったのは米国のイラク攻撃それを指揮した日本にも責任の一端があるそうだ。

果ては安保法制が槍玉に上がる。フランスは米国とともにイスラム国への空爆を続けている。日本が後方支援に踏み切れば標的になってしまう。」

私は、この逆でサンデーモーニングの討論していた内容は本当に正しいことであって、元にあることが解決しない限りは、こういう問題は絶対になくならないんですよ。対症的な形で共謀罪を作る、テロ対策を作るだからいいんだという風には、絶対にみちゃいけないよと、私は思っています。そしてさらに、産経新聞の18日です、18日に「共謀罪新設を再検討」って出てますね。早速18日の段階で「共謀罪が必要なんだよ」と、それからその次のページを見ていただくと共謀罪を具体的に説明しました。11月20日付ですね。要件に犯罪準備、対象は組織的集団に限定するよとこういう形で産経新聞は非常に過剰な反応をいたしました。

それに対して、同じような傾向を持つといわれている読売新聞は、非常に今回は抑制的な内容でした。

さて自民党の幹部はどうだったでしょうか。自民党幹部は、様々な発言をしております。それはその後ろに書いてある谷垣、それから高村、その二人ね。それから河野太郎とか、高市早苗とか、要するに自民党とそれから閣僚から推進意見が出されたわけです。

しかし、菅官房長官は「私は考えていない」と言いました。とりまとめの立場の人として。これは本質をついた言葉だとは思いません。やはり状況を見ながら、うまく賛成意見が出てくれば、いつでも飛び乗るというのが、飛び乗ってくるんじゃないだろうか、と思います。

3．跨国（ここく）組織犯罪条約と共謀罪

⑴ 跨国組織犯罪条約とは何か

跨国組織犯罪条約とは、全くテロとは無関係のものです。どこにもテロを対象とするとは書いてありません。

この（b）のところで「重大な犯罪」とは「長期４年以上の自由刑、自由を剥奪する刑」を指しますよって言っているのです。これは、日本では４年以上の懲役・禁固刑に当たります。

そして、「組織的な犯罪集団」（a）です。「3人以上の者からなる組織された集団であって、一定の期間存在し、かつ金銭的利益、その他の物質的利益を、直接または間接に得るために一または二以上の重大な犯罪またはこの条約に従って定められる犯罪を行うことを目的として一体として行動するものをいう」と。これはテロじゃないでしょ。どこにもテロを定義付けてないのです。ですからこれを根拠にテロ対策を用いようというのは基本的に誤っているといわざるをえない。

それから、ここの大きな問題はさっき言った、「重大な犯罪」という言い方です。長期４年以上の罪は何でも入ります。どんなものでも。それが、日本は、結構法定刑が広いんです。窃盗罪という犯罪は一種類しかないのです。普通、窃盗罪って５種類ぐらいありますよ。置き引きから始まって、侵入窃盗、凶器を所持した窃盗、一番重くなる、そう

いう類型ごとに犯罪を分ければ結構４年未満の刑期のものも出てくるはずなのだけれど、日本は「窃盗」という形で一個にまとまっているから窃盗罪は全部ここに入っちゃう、という構造的欠陥があります。そして、先ほども説明があった参加罪か共謀罪か、ここにある組織的な犯罪集団に加盟すること、参加することを処罰するかあるいは行為の共謀することを処罰するか、どちらかを処罰しなさいという規定なんです。ですから、どちらを取ろうが勝手なのだけれども、日本政府は、当初はこの言葉に非常に反論していて、納得していなかったんです。しかし最終的にいつの日か突然この共謀罪で行くと決めて賛意を表しました。

しかし、大陸法系の国、ドイツ、フランス、イタリアですね。日本は、最初はフランス法、それからドイツ法を継受して、母法として入れて、それを基に作りました。だから、日本は大陸法系の国です。大陸法系の国は結果発生が処罰の条件です。犯罪を行われたから処罰するのです。自分が何かを計画するから処罰されるのではないのです。ところが英米法は、あるいは common law と言われている国々は先ほど説明しましたように conspiracy の法理という、これは、企てただけで処罰しようというわけです。これが２人以上の者になれば、当然処罰の対象です。それが共謀罪です。

⑵ 参加罪か共謀罪か

日本は、結果主義の国だから共謀罪には合わないのですね。この５ページ（本書 50 頁）を見てください。そこに「二人以上の者の意思の合致」、「実行の準備」、「実行に着手」、「結果の発生」、と書きました。その下に「共謀」「予備」「未遂」「既遂」ってあるでしょ。全て犯罪は既遂で処罰します。未遂処罰規定がある犯罪は未遂でも処罰されます。殺人罪、窃盗罪、これは未遂あるでしょ。処罰されます。予備罪、これは重大な法益、大事なものを侵害する犯罪、殺人とか強盗、重大な犯罪について８つありますが、それについて予備罪が成立します。これは、準備行為を処罰の対象とするのです。

だから、決意に基づいて実行に向けて準備するでしょ。人を殺すために武器が必要だ。武器を購入いたします。購入行為は準備ですから、ここにあたる予備になります。

さてその前に何をしますか？　私たちは「決意」をするじゃないですか。あの人を殺すって決意しますね。2人以上の者で決意すればそれは共謀です。そうすると、殺人罪は、既遂も未遂も予備も処罰されるから、共謀も処罰できるような流れにはなっているでしょ。流れですよ。

ところが窃盗というのは、予備が処罰できないんです。既遂、未遂は処罰できても、予備は処罰できないから、共謀を処罰したらどうなります？　予備が処罰できないのになぜ共謀だけで処罰できるのだろうか。処罰根拠を示せと言われたら、処罰根拠を説明できません。

次もう一つ言いますよ。建造物損壊罪、あの2003年当時、世田谷でしたね・・・あの「反戦」とかいたのは。世田谷のトイレに「反戦」と。杉並区かもしれません。杉並か世田谷ですよ。反戦と公園のトイレに書いた人がいました。それが建造物損壊罪で処罰されたんです。その建造物損壊罪は既遂しか処罰できません。未遂も予備も処罰できないんです。ところがこれは5年以下の懲役だから、4年より一年上でしょ、従って共謀罪の対象に含まれるんです。ということは、未遂も既遂も予備も処罰できないのに、なぜ共謀しただけで処罰できるの？

理由が最も遠くなるでしょ、それをもしやるといったら、国会でこれについてもちゃんとした説明がなされなければいけません。

⑶ テロ等謀議罪の登場

さあ、それで5ページ（本書50頁）の下の所、(3)「テロ等謀議罪の登場」と書きました。これ先ほどの産経新聞にある、もっと前にあるこれ確か2006年でしたかね、そのテロ等謀議罪が6ページのところ見てください、その当時の自民党の法務委員会の委員をやっていた早川忠孝という人が自民党の条約検討小委員会で検討したテロ等謀議罪の内容が書かれています。ここに載せてあります。これではもはや条約刑法にはならないのです。パレルモ条約の批准はこれでは不可能です。なぜかというと、長期4年以上の犯罪を処罰していないからです。

このような条約の内容を満たしていない法律では、後日、条約違反を指摘され、改めてもっと厳しい内容のものが作成されることになります。つまり、このようなテロ等謀議罪は、結局は、パレルモ条約を正式に批准するために改正して４年以上全部に含めますよっていうことを裏に、もっているわけです。ですからこういうのは果たして許されるのかということです。

４．まとめ

まとめたいことはレジュメには書いてありませんが、私がまとめとして述べたいことを申し上げます。

これも最初に言いました。つまり国連は国家の集まりだ、ということです。その前提に関して、国家は統治者ですよね。国を動かすそこにいる国民、あるいは住民を支配抑圧する側ですね。

その統治者集団の集まりである国連が、その統治をどのような抵抗があろうと、その抵抗を抑圧する。つまり自らの統治を正当化するために締結するような一括的で総括的で抽象的内容を含む跨国組織犯罪条約はテロを口実とした被統治者の抵抗運動を抑圧するものであり、条約そのものの廃棄を求めなければならないのではないか。つまり、日弁連は結構予防的というか、政府的立場の考えの人が強いもんだから、そういうこと言わずに、法律無しに批准しろという立場です。しかし、そうじゃなくて、この条約はよく考えてみると統治者のための条約であって、抵抗する側の条約にはなっていない。もしこの条約を変えるとするならばたとえば、ハイジャック防止条約というのがありますね、麻薬防止条約ってありますね、個別的な物（ブツ）に関する条約に置き換える、個別的な行為に関する条約に置き換えるとするならば話は別かもしれません。しかし、先ほど言ったように、長期４年以上の犯罪を行うような犯罪集団。あるいはそれの共謀を処罰しなければいけませんよ、というような非常に抽象的で、価値判断が入ってくるものでしょう。すると特定できないわけですよ。つまりこのような条約は、これは、批准するということはもってのほかである、ということを私は今日の結論としてお話を終えたいと思います。

＊本講演は、秦さんがテープ起こしをした文章に加筆・修正したものです。秦さんに感謝します。

■講演レジュメ

「パリ連続爆破事件と共謀罪」
2016/2/20 救援連絡センター主催・共謀罪反対集会

1. パリ連続爆破事件とは何か

(1) その概要

11月13日21時過ぎ、サン・ドニにあるスタッド・ド・フランスで爆発が発生。その後、レストランや劇場でも、爆発や発泡があった。結果として、死者130名、負傷者300名以上。

オランド大統領は、13日夜には事件現場の一つバタクラン劇場を視察し、「前例のないテロだ」と犯行を非難した。そして緊急閣議を開催、翌朝の国家安全保障会議に臨んだ。その後に非常事態宣言を布告した。同日、国民議会は緊急の会合を開いた。議会でマニュエル・ヴァルス首相は「フランスはテロリストとイスラム過激派との戦争に突入した」と演説した。一方でヴァルス首相は「フランスはイスラムとムスリムとは戦争をしない」とも発言した。

オランド大統領は14日には同日から3日間を国民服喪の日とすることを発表した。

17日にはヴェルサイユ宮殿で元老院と国民議会の両院合同会議を開催した。オランド大統領は演説で、「フランスは戦争をしている」と述べ、テロと戦うことを宣言、すでに行われている軍事行動について説明したうえで非常事態宣言の期間延長のための法改正を訴えた。またテロ対策として憲法の改正も視野に入れていることを発表した。

20日、上院が非常事態の期間を3カ月間延長する法案を可決、期限が来年2月25日まで延長された。

六辻彰二氏は、THE PAGEで、次のように述べている。

今回の事件は、ヨーロッパ諸国がこれまで以上に、異文化との共生について、「人権」の観点からだけでなく、いわば「自らの安全」の問題としても考えざるを得ない時代になったことを象徴するといえます。そして、それはヨーロッパ以外の各国にとっても、他人事でないといえるでしょう。
ピケティコラム@ルモンド参照。

(2) フランスおよびパリの特徴

・MP も、国家警察とともに、警察権を所持している。
MP は、テロ・銃器犯罪を対象としている。
フランスの警察は、引き金を引きやすい。
・フランスでは、国勢調査が行われていない。
パリ市内の人口実態は不明。
どのような人が、どこに住んでいるかは把握されていない。
・国旗の色＝三色旗の反映
出生地主義の採用。政教分離や世俗主義。宗教的寛容性。

⑶ オランド大統領による戦争突入宣言と非常事態
・2 月 16 日、5 月 26 日までの非常事態宣言の延長を決定
・参考として　FORBES　JAPAN　Doug Bandow　2015/12/09

11 月にパリで発生した同時多発テロは間違いなく残虐この上ないもので、我々が恐怖に陥るのも当然のことだ。しかしこれが意外だったかといえば、意外ではなかったはずである。少なくともフランス人にとっては意外ではなかったはずなのだ。

怒りに震えるフランソワ・オランド大統領は、テロを受けて「我が国は戦争状態にある」と宣言したが、そもそもフランスは去年からイラク、更にはシリアの「イスラム国」軍に対して空爆を始めた時から、戦争状態にあったのである。フランス国民が犠牲になって初めて宣言したのはなぜか。オランド大統領は戦争による被害が自国民に及ばないことを期待し、国民には紛争の存在すら気付かれないままにすることを願っていたのではないだろうか。

テロリズムは極悪の極みである。民間人を標的にすることはモラルに反している。しかし、残念なことにテロの発生はある程度予測することができる。長く弱者の常套手段として使われてきたではないか。100 年前には、1 人のセルビア人がテロにより第一次世界大戦のきっかけをつくった。

2. 国連の名による抵抗の抑圧

⑴ 住民の抵抗とテロ
・恐怖政治の意味では、フランス革命で行われた。
・一般的に言えば、国の民主化は、住民の抵抗から始まっている。
・国による上からの弾圧としてのテロの利用＝テロ抑圧の論理

⑵ 統治者による住民抑圧の正当化
・国家の集まりである国連による抵抗弾圧の正当化

国連は、政権を担っている国家の集まりであり、その国家への抵抗勢力を排除するために条約という名の正当化を図っている。

・理由としてのテロ

かつての条約では、個別の物や個別の行為についてのものであったが、テロを名目とするものは、一括的・抽象的内容へと変容した。

2008年7月7日～9日に開催された北海道洞爺湖サミットで採択された「G8国際テロ及び国際組織犯罪の専門家からG8首脳への報告書」

I　国連のテロ対策の取組に対する支援

我々は、テロリズムへの国際的な取組における中心的な役割を担うのは国連であり、G8は国連によるこの取組を支援していくことを再確認する。我々は、2006年に国連総会により採択された国連グローバル・テロ対策戦略の重要性を強調し、テロ対策実施タスクフォース（CTITF）の取組を支援し、継続して同戦略実施に取り組むことを決意する。我々は、本年秋に予定されている同戦略のレビューが、今後の着実な実施に向けての新たな弾みを与えるものとなることを確実ならしめるべく取り組む。

すべての国連加盟国が国際的なテロリズムとの闘いに関連するすべての安保理決議を履行する義務を遵守することが重要である。我々は、この関連で、タリバーン・アルカーイダ制裁委員会（1267委員会）及びテロ対策委員会（CTC）による努力を高く評価する。

我々は、すべての国連加盟国に、既存のテロ防止関連条約及び議定書を締結し、右条約等の完全な履行を呼びかける。この関連で、我々は、13本目のテロ防止関連条約である核テロリズムの行為の防止に関する国際条約の発効を歓迎し、すべての国連加盟国が同条約を締結することを推奨する。我々は、すべての加盟国に、如何なる理由又は不満をもっても、如何なる形式のテロリズムも正当化されないことについての国際的な決意を強化するような方法で、包括テロ防止条約案の妥結に向けて最大限努力すべきことを呼びかける。

国連のテロ対策措置の実施に向けて加盟国を支援するため、G8は、テロ対策委員会事務局（CTED）及び国連薬物犯罪事務所（UNODC）を含む国連及び関連機関との協力を行ってきている。我々は、更にテロ対策行動グループ（CTAG）の活動を通じて、この協力を強化することを約束する。

テロと国際組織犯罪に関する安保理決議第 2195 号（2015/1/8）

前文

テロリズムの根絶には、継続された包括的なアプローチが不可欠であることを強調【前文 4】

テロリストへの資金提供及びテロリストの資金源について深刻に憂慮し、また、こうした資金源は将来のテロ活動の温床となることを確認【前文 5】

アル・カイダに関連する個人や集団が国際組織犯罪から資金を得ているケースがあることを深刻に憂慮【前文 10】

国際組織犯罪から資金を得ているテロ組織が、国の安全、安定、統治及び社会・経済発展を妨げることに繋がりうることを深刻に憂慮【前文 13】

主文

国際組織犯罪から資金を得ているものを含め、あらゆる形態のテロリズムの防止に、協同して取り組むことの必要性を強調【主文 1】。

加盟国に対して、テロリストの移動を効果的に防止するために、国境管理を強化することを求める【主文 2】

加盟国に対して、1961 年麻薬単一条約、1971 年向精神薬条約、1988 年麻薬新条約、国際組織犯罪防止条約及び同議定書、国連腐敗防止条約並びにテロ防止関連条約・議定書等の関連国際条約を、優先的に締結し履行することを要請【主文 3】

関連国連機関に対して、テロ防止関連条約の履行及びテロ活動の捜査、訴追等のための能力強化のために、加盟国を支援することを要請【主文 4】

加盟国に対して、特に国連腐敗防止条約並びに資金洗浄及びテロ資金対策に関する包括的な国際基準である 40 の FATF 勧告を、必要な法制を整えこれを効果的に執行することを含め、締結、履行することを通じて、腐敗、資金洗浄及び不正資金の流れと闘うことの重要性を強調【主文 5】

⑶ テロの定義　国別概況

アメリカ

・大統領命令 13224 号（2001/9/24）

3(d) 条　テロリズムとは、

(i) 暴力行為、又は人命、財産若しくは施設にとって危険な行為を含む。

(ii) 次のいずれかを意図することが明らかに認められる場合

(a)民間人を脅迫し、又は威圧すること

(b)脅迫又は威圧により政府の政策に影響を与えること

(c)大量破壊、暗殺、誘拐又は人質行為を行うことにより政府の行動に影響を与えること

・愛国者法（2001/10/25）

合衆国法典第 18 編第 2331 条を改正

1）「国際テロリズム (international terrorism)」とは、次の活動をいう。

(a)暴力行為若しくは人命に危険を及ぼす行為であって、合衆国若しくは州の刑法の違反となり、又は合衆国若しくは州の裁判管轄地内で行われたときは犯罪行為となるものに関わる活動、

(b)次のいずれかを意図することが明らかに認められる活動

(i) 民間人を脅迫し、又は威圧すること

(ii) 脅迫又は威圧により政府の政策に影響を与えること

(iii) 大量破壊、暗殺又は略取誘拐により政府の行動に影響を与えること、

かつ、

(c)実行の手段、脅迫若しくは威圧の対象とされていることが明白に認められる者、又はその実行犯が活動し、若しくは潜伏先を探し求めている場所の観点から、主として合衆国の領域的管轄権の外で、又は国境を超えて生起する活動

（中略）

5）「国内テロリズム (domestic terrorism)」とは、次の活動をいう。

(a)人命に危険を及ぼす行為であって、合衆国又は州の刑法の違反となるものに関わる行為、

(b)次のいずれかのことを意図することが明らかに認められる活動

(i) 民間人を脅迫し、又は威圧すること

(ii) 脅迫又は威圧により政府の政策に影響を与えること

(iii) 大量破壊、暗殺又は略取誘拐により政府の行動に影響を与えること、

(c)主に合衆国の領域的裁判管轄権の内で行われる活動

・結論

「テロリズム」とは、民間人を脅迫又は威圧して政府の行動等へ影響を与えること

イギリス

2000 年テロリズム法

第 1 条

(1) この法律において「テロリズム」とは、以下の行動を行うこと又は以下の行動を行うと脅迫することを意味する。

(a)第(2)項の範囲内の行動であって
(b)行動又は脅迫が政府に影響を与えること、又は民間人若しくはある階層の民間人を脅えさせること、及び
(c)行動又は脅迫が政治的、宗教的又はイデオロギー的要因を進展させる目的で行われること

(2) 本項に定める以下の行動
(a)人に対する重大な暴力を含む。
(b)財産に対する重大な損害を含む。
(c)その行動を行った者以外の人の生活を危険にさらす。
(d)民間人又はある階層の民間人の健康又は安全に対し重大な危険を作り出す。
(e)電子システムの重大な妨害又は重大な中断を企図する。

(3) 火器や爆発物の使用が第(1)項(b)の条件を満足させるテロリズムであるかどうかを含め、第(2)項の範囲内で行い又は行うと脅迫すること
(a)「行動」とは、連合王国の外での行動を含む。
(b)「人」又は「財産」とは、いかなる場所に位置する「人」又は「財産」でもこれを含む。
(c)「民間人」とは、連合王国以外の国の民間人を含む。
(d)「政府」とは、連合王国の政府、連合王国の一部を形成する政府、連合王国以外の国の政府を意味する。

(5) 本法において、テロリズムの目的で行われる行動とは、禁止された組織の利益のために行われる行動を含む。

中国

反テロ法（2016/1/1施行）

3条

テロリズムとは、暴力、破壊、脅迫などの手段を用いて社会恐慌を作り出し、公共の安全に危害を加え、人身・財産を侵害し或は国家や国際組織を脅迫し、その政治やイデオロギー等の目的を実現する主張と行為を指す。

テロ行為とは、テロリズムの性質を有する以下の行為を指す。
(1)人々を死傷させ、財産に重大な損失を与え、公共施設を破壊し、社会秩序を混乱させる等社会に危害を加える重大な行為を組織し、計画し、実施を準備し、惹起を実施し或は惹起を企図すること
(2)テロリズムを広くまき散らし、テロ活動を煽動・実施し或はテロリズムをまき散らす物品を違法に所持し、公共の場所でテロリズムをまき散らす洋服・標識を着ることを他人に強制すること
(3)テロ活動組織を組織し、指導し、参加すること

⑷テロ活動組織、テロ活動要員のために、情報、資金、物資、労務、技術、場所等を提供し、テロ活動或はテロ活動訓練の実施を支持し、幇助し、便宜を図ること

⑸その他のテロ活動

本法において、テロ活動組織とは、テロ活動を実施するために結成された3人以上の活動組織を指称する。

本法において、テロ活動要員とは、テロ活動を実施する人及びテロ活動組織の構成員を指称する。

本法において、テロ事件とは、まさに発生し或はすでに発生した社会に重大な危害を及ぼし又は及ぼす可能性を有するテロ活動を指称する。

日本

特定秘密保護法　12条2項

テロリズム

政治上その他の主義主張に基づき、国家若しくは他人にこれを強要し、又は社会に不安若しくは恐怖を与える目的で人を殺傷し、又は重要な施設その他の物を破壊するための活動をいう。

日本におけるテロリズムの三要件

①政治上の主義主張に基づくこと

②国家・他人への主義・主張の強要、社会への不安・恐怖を与える目的

③人の殺傷、重要な施設その他の物の破壊

⑷ パリ連続爆破事件を受けた日本のマスコミや政府・与党の過剰な反応

・産経新聞　2015/11/15

サンデーモーニングに見る相も変わらぬ一国平和主義　11月16日

テロを未然に防ぐのは、難しい。とはいえ、成功例はある。その一つが、2006年8月に、英国で発覚した航空機爆破テロ未遂事件だった。米国各地に向かう複数の旅客機を空中爆破する。この計画を事前につかんだロンドン警視庁は、イスラム過激派につながる犯人グループの逮捕にこぎつけた。

▼警察や情報機関にとっては、威信のかかった捜査だった。その1年前、ロンドン中心部で起きた同時爆破テロで、52人が死亡している。国内のイスラム社会を厳しい監視下に置き、電話やメールの傍受まで行った成果だった。

▼13日、パリで起きた戦後最悪の同時多発テロは、中東の過激組織「イスラム国」の犯行とみられている。パリといえば今年1月、風刺週刊紙が、襲撃を受けて記者ら12人が死亡する事件が起きたばかりだ。その教訓を

生かせず、テロ計画を察知できなかったのは、治安当局の大失態ではないか。

▼来年にサミット、５年後に五輪を控える日本にとっても、もちろん人ごとではない。昨日の朝、久しぶりにＴＢＳの情報番組「サンデーモーニング」を見た。さすがに、テロ対策について、識者が意見を交わすものと期待していたら、当てが外れた。

▼対策より、テロ組織との政治的な対話が大事だという。そもそも過激組織が勢力を伸ばすきっかけになったのは、米国のイラク攻撃、それを支持した日本にも責任の一端があるそうだ。果ては安保法制がやり玉に挙がった。フランスは米国とともに、イスラム国への空爆を続けている。日本が後方支援に踏み切れば、標的になってしまう。

▼つまり、「テロとの戦い」から、脱落せよというのだ。相変わらずの「一国平和論」、フランス国民が知ったら、何を思うだろう。

2015/11/18「共謀罪新設を検討」
2015/11/20 「共謀罪　要件に準備行為　対象は『組織的犯罪集団』に限定」

・自民党幹部の発言（朝日新聞デジタル　11/17）

自民党の谷垣禎一幹事長は17日、パリの同時多発テロ事件を受けて、テロ撲滅のための資金源遮断などの対策として組織的犯罪処罰法の改正を検討する必要があるとの認識を示した。改正案には、重大な犯罪の謀議に加わっただけで処罰対象となる「共謀罪」の創設を含める見通しだ。

この日の党役員連絡会で、高村正彦副総裁が「資金源対策を含む国際条約ができているのに、日本は国内法が整備されていないために批准できていない。しっかりやっていかなければいけない」と指摘。谷垣氏も会議後の記者会見で「来年の伊勢志摩サミットでテロ対策に向けて、いろいろ考えなければならない」と述べた。

３.跨国組織犯罪条約と共謀罪

⑴ 跨国組織犯罪条約とは何か

・全くテロとは無関係なものである。

跨国組織犯罪条約２条

(a)「組織的な犯罪集団」とは、三人以上の者から成る組織された集団であって、一定の期間存在し、かつ、金銭的利益その他の物質的利益を直接又は間接に得るため一又は二以上の重大な犯罪又はこの条約に従って定められる犯罪を行うことを目的として一体として行動するものをいう。

(b)「重大な犯罪」とは、長期四年以上の自由を剥はく奪する刑又はこれより重い刑を科することができる犯罪を構成する行為をいう。

(c)「組織された集団」とは、犯罪の即時の実行のために偶然に形成されたものではない集団をいい、その構成員について正式に定められた役割、その構成員の継続性又は発達した構造を有しなくてもよい。

⑵ 参加罪か共謀罪か

・日本政府による共謀罪の選択

日本の刑法は、大陸法を継受した。大陸法では、結果発生が処罰の前提である。侵害される法益の重さに応じて、未遂罪や予備罪が成立する。したがって、日本の体系では、共謀罪を採用する余地はない。にもかかわらず、政府は、共謀罪を選択した。

・近代刑法原則に矛盾する共謀罪

二人以上の者の意思の合致 ⇒ 実行の準備 ⇒ 実行に着手 ⇒ 結果の発生

a 既遂は処罰されるが、未遂や予備は処罰されない事例

b 既遂と未遂は処罰されるが、予備は処罰されない事例

c 既遂、未遂及び予備が処罰される事例

それらの事例において、共謀罪処罰の正当化根拠はどこにあるのか

・619 の犯罪類型で共謀が処罰される⇒今日では、もっと多くなっている

・実質的な刑法改正である。

・共謀罪という別個の犯罪類型の誕生

⑶ テロ等謀議罪の登場

・条約の要請を満たしていない。

・立法することを先行させ、その後の改正をもくろむ。

・歴史は繰り返す。

犯罪の実行行為がなくても謀議に加わるだけで処罰可能な「共謀罪」を新設する組織犯罪処罰法などの改正案について、自民党法務部会の「条約刑法検討に関する小委員会」は6日、共謀罪を「テロ・組織犯罪謀議罪」と改名し、当初600以上を想定していた対象犯罪を4分の1以下に絞り込む方針を大筋で了承した。

小委員会は「謀議罪」の対象を「テロ犯罪」「薬物犯罪」「銃器犯罪」「密入国・人身取引犯罪」「その他資金源犯罪など」の5つの犯罪類型に分類した上で、組織犯罪防止のために必要かどうかを検討し、116－146の罪を列挙。一律に「4年以上」の懲役・禁固に当たる600以上の罪としていた改正案から大幅に絞り込んだ。今後、対象犯罪について詰めの協議をし、2月中の修正案作成を目指す。(2007/2/06)

2007/2/27　早川忠孝のブログ

今朝の条約検討小委員会で条約刑法についての検討結果報告書が満場一致で承認された。短期間での作業であったが、内容的には充実したものであり、国民の大多数にとって賛同し得る内容になったのではないか。

修正のポイントは、次のとおりである。

①「組織的な犯罪の共謀罪」という名称を、テロ等の重大な犯罪が実行されて甚大な被害が発生することを防止するために、謀議の段階で処罰を行うものであることが明確になるように、「テロ等謀議罪」という名称に修正する。

②処罰の対象とする犯罪を、「テロ犯罪」、「薬物犯罪」、「銃器等犯罪」、「密入国・人身取引等犯罪」、「その他、資金源犯罪など、暴力団等の犯罪組織によって職業的又は反復的に実行されるおそれの高い犯罪」の5つの類型を挙げた上、各類型に該当すると考えられる犯罪を具体的に列挙する。

③「テロ等謀議罪」の対象となりうる団体を限定する。

④「共謀」の意味を明確化し、「具体的な謀議を行い、これを共謀した者」という表現に修正する。これにより、単なる目配せをしただけでは「共謀」に当たることはないことを明確にする。

⑤「共謀」に加えて、「実行に必要な準備その他の行為」が行われない限り、処罰できないものとし、これが行われたという嫌疑がない限り、逮捕・勾留をできないものとする。

⑥「テロ等謀議罪」の規定の適用に当たっては、思想・良心の自由、憲法の保障する自由・権利を不当に制限してはならないこと、労働組合その他の団体の正当な活動を制限してはならないことを、特に法律上の留意事項として明記する。

条約刑法については、制定の必要性自体については余り異論がなかったが、「共謀罪」について反対の声が大きくなり、法案についての冷静な検討が十分に出来なかったように思われる。

今回の小委員会の検討結果報告は、私自身が委員会の事務局長として取りまとめたもので、政府原案を大きく修正する内容となっている。この修正案については、幸いマスコミ関係者も評価しているようである。
野党との協議が残っているが、なるべく早期にこの修正案で条約刑法を成立させ、国会議員としての責務を果たしたいと思っている。

4. まとめ

統治者集団の集まりである国連が自らの統治を正当化するために締結した、一括的・総括的・抽象的内容の跨国組織犯罪条約は、テロを口実とした被統治者の抵抗運動を抑圧するものであり、条約そのものの廃棄を求めなければならない。

■Q＆A　刑訴法等の一部改正案の問題点

【法律案のねらいは、捜査権限の強化】
(Q.1)　法律案の表題から見ると、刑事訴訟法に限った改正案と思われますが。
(A)　盗聴法は、かつて国民の間で大問題となり、国会でも反対が強かったのですが、新たに政権に加わった公明党の強い主張によって、麻薬取引や組織的殺人といった組織犯罪に限定することになり、ようやく成立したといういわくつきの法律です。このような盗聴法の改正と刑事訴訟法の改正とを 一緒くたにしたところに、まず今回の法律案の問題があります。

(Q.2)　今回の法律案は、えん罪の発生を防ぐための新たな刑事手続きを定めたものと聞いていますが。
(A)　いいえ、えん罪防止の立法とはとても言えません。捜査機関の捜査権限を強化する法律案です。
2011 年に法制審議会刑事法特別部会が発足したときは、取調べの全面可視化が実現し、それとあいまって証拠の全面開示がなされるのではないか、と期待されましたが、そこでの審議は期待どおりにはいきませんでした。今回の法律案は、「捜査機関に新たな捜査権限が付与されたのに反し、可視化はほんの一部だけ」「警察の焼け太り」とマスコミなどに批判されているとおりの、えん罪防止にはほど遠いものです。
盗聴（通信傍受）をすることができる対象犯罪を大きく広げ、警察が盗聴をしやすくするシステムに変えるといった「改正」だけでなく、えん罪を発生させる危険な司法取引も新たに導入されようとしています。きわめて危険な法案です。

【不十分な捜査過程の可視化・・301 条の 2】
(Q.3)　でも、えん罪の防止に役立つ可視化は、実現するのではありませんか。
(A)　捜査過程の可視化が実現するといっても、それはほんの一部だけです。起訴事件数のわずか 2 パーセントにすぎない裁判員裁判対象事件と検察官独自捜査事件だけが可視化され、残りの 98 パーセントの事件は、可視化されません。
また、裁判員裁判対象事件等の捜査過程で可視化されるのは、被疑者が逮捕・勾留されているときだけで、それ以前の任意聴取、任意同行段階での事実上の取調べは、可視化されません。多くの「自白」は、任意聴取、任意同行の段階でなされていると指摘されています。この段階を可視化の対象から外してしまっては、取調べの透明性は確保できませんし、えん罪の発生を防ぐことはきわめて難しいといわざるを得ません。

(Q.4) 可視化対象事件でも可視化しない場合があると言われていますが。
(A) 可視化すると被疑者が十分な供述ができないとその者の言動から認められるとき、可視化すると被疑者やその者の身内の身体・財産に害が加えられたり、畏怖させたり、困惑させるといった行為がなされるおそれがあるときや指定暴力団員の取調べは可視化しなくてもよいとされています。

「畏怖」「困惑」といった言葉の内容は、はっきりしません。こんな曖昧なことで可視化が不要とされるのは、認められません。また、「指定暴力団員」といった属性で一律に可視化しないとするのは、法の下の平等に反します。

【えん罪を生む司法取引制度・・証拠収集等への協力及び訴追に関する合意】

(Q.5) 法案に含まれている司法取引制度とは、どのようなものですか。
(A) 今回立法化されようとしている司法取引制度は、被疑者・被告人が他人の犯罪事実を明らかにする供述（自分の犯罪事実を明らかにするのではありません）等をすることと引き換えに、検察官が起訴しないなどの恩典を与えるものです。

アメリカでは、死刑えん罪事件の 45.9 パーセントがこうした司法取引による虚偽の証言によるものだったということで、その危険性が指摘されています。

(Q.6) 対象犯罪は財政経済関係犯罪に限定された、と聞いていますが。
(A) 対象犯罪には、文書偽造、有価証券偽造、贈賄、収賄、詐欺、恐喝、横領、租税に関する法律・独禁法・金融商品取引法などの財政経済関係犯罪、薬物犯罪、銃刀法違反の罪などきわめて広いものとなっています。公務や経済活動に従事する人たちにとっては影響の大きな制度です。

(Q.7) 警察官が司法取引に加わることができるそうですね。
(A) そうです。警察が捜査を始めた事件では、検察官は、必ず警察と相談しなければならず、また、警察官が取調べの段階で取引を持ちかけることもできます。これでは、警察の筋書に沿った供述がとられるおそれも生じ、えん罪が生まれる可能性がより大きくなると言えます。

(Q.8) 司法取引の危険性とは、どのようなことですか
(A) 引き込みによるえん罪発生の危険性です。被疑者・被告人が起訴を免れまたは刑を軽くしてもらおうとして、他人（共犯者に限りません）に関する虚偽の犯罪事実を供述して、犯罪者に仕立て上げることが起こりかねません。

(Q.9) 法案では、その危険性を除く手立てが取られているのではありませんか。
(A) 虚偽(嘘)の供述をした被疑者・被告人を重く処罰する規定(5年以下の懲役)が新たに設けられています。しかし、被疑者・被告人と取引した検察官は、その供述を真実のものとして裁判に臨むのですから、処罰規定がえん罪防止につながるわけではありません。

また、取引の協議には被疑者・被告人の弁護人が関与することになっていますが、協議に至る過程では関わることがないので、取引の過程における捜査側の示唆などの言動を弁護人がチェックすることができません。また、証拠開示がなされないので、弁護人として取引が公正なものかどうか判断できません。

引き込まれる側の弁護人が法廷で反対尋問できるので、そこで引き込んだ被疑者・被告人の供述を打ち破ればよい、とも言われますが、嘘をついたとなれば重い処罰を受けるおそれのある引き込んだ者は、法廷で「自分の供述は真実だ」とがんばり抜くに違いありません。引き込まれる側の弁護人は、引き込んだ者の弁護人より以上に、証拠もなく、協議に至る過程も皆目分からないので、打つ手がないといわざるを得ません。

(Q.10) 司法取引の危険性を除去する手立てはありますか。
(A) 危険性を取り除くことはできません。しかし、次のことがなされれば、危険性を低くすることはできます。

① 司法取引が行われるときは、任意聴取・任意同行からすべての取調べの可視化(録音・録画)が必要です。この記録は引き込まれる側の弁護人にも開示されるべきです。
② 取引の協議開始前に、引き込む側の弁護人に被疑者・被告人の事件の証拠を開示することが必要です。
③ 引き込む者の証言や供述調書だけで引き込まれる被告人の有罪を認定してはならない仕組み(供述などの補強証拠)が必要です。

【実現しなかった全面証拠開示】
(Q.11) 証拠開示制度は、どうなりましたか。
(A) 弁護士会などは、証拠の全面開示を要求していましたが、法律案には取り入れられていません。
現在の刑事手続では、被告人やその弁護人には、検察官の手持ち証拠のすべてが開示されるわけではありません。双方が同じ証拠をもって法廷で争うの でなく、検察官がすべての証拠を握っている偏頗な状態で争われています。袴田事件を例に取るまでもなく、えん罪の温床のひとつがこの証拠開示にあります。

法制審特別部会では、全面証拠開示の声も出たのですが、実現の糸口すらみられませんでした。ようやく、公判前手続がとられる事件だけですが、検察官手持ち証拠の一覧表が被告人・弁護人に交付されることになりました。一歩前進といえなくもありません。しかし、その一覧表に表示された証拠書類などには要旨が記載されません。これではその書類に何が記載されているか推測すらできません。「簡単な要旨ぐらいは記載する」とすべきでしょう。

【市民生活を危険にさらす盗聴の拡大・・盗聴法の改正案】

(Q.12) 盗聴法は対象犯罪が拡充され、警察が使いやすくなるということですが。

(A) 盗聴法は、かつて国民の導入反対の声が強く、国会でも大問題になった法律です。そのとき、国会において自民党と公明党が対象犯罪をおよそ犯罪組織しか行わないであろう犯罪（薬物犯罪、銃器犯罪、集団密航、組織的殺人）に絞る修正案を提出し、やっとの思いで成立をさせたものです。盗聴（法律的には通信傍受といいますが）という問題の多い手法は、通常の犯罪には使用しない、というのがそのときの国会の意思でした。にもかかわらず、法案では、放火、殺人、傷害、逮捕・監禁、誘拐、窃盗、強盗、詐欺、恐喝と対象犯罪が大きく広がりました。 今回の「改正」は、そのときの国会の意思を踏みにじるもので、大変遺憾なことと言わなければなりません。

また、これまで、法務省は、ホームページで、通信事業者の立会があることが、盗聴（通信傍受）が安易に使用できない担保になっていると説明していました。使いやすくしないことが大事なことだったのです。ところが、これを変えて、新たな傍受方法によって機器さえ整えれば東京だけでなく全国至る所で盗聴（通信傍受盗聴）が可能になってしまいます。

(Q.13) 盗聴には、元々どんな問題があったのですか。

(A) 盗聴は、通信の秘密（憲法 21 条）、13 条のプライバシー保護、憲法 31 条（適正手続き）と 35 条（令状主義）に違反しています。憲法は、犯罪の捜査において、物や場所を特定せずに、どこかに何かないかと探し回って差し押さえることを禁じています。盗聴法による盗聴の場合には、対象となる通話を特定できません。対象犯罪に関係あるかないかを知るためにとにかく通話を聞かなければなりません（該当性判断のための盗聴）。また、対象犯罪に関係ない別の犯罪の通話も聞くことができます（別件盗聴）。

　今回、対象犯罪を大きく広げようとしています。それによって、盗聴される対象者が一気に広がります。これによって、盗聴される通話内容も多種多様になります。また、盗聴される通信には、固定電話のみならず、携帯電話、ファクシミリ、コンピュータ通信が含まれ、公衆電話も盗聴可能です。

(Q.14) その他に、問題点はないのですか？
(A) まず大きな問題は、将来の犯罪（未だ発生していない犯罪）を盗聴（通信傍受）できるとされていることです。

法3条1項2号3号がそれです。2号は、次々と行われる薬物の密売や銃器の密輸・売りさばきが例とされていて、薬物の密売が行われた後にこれからなされるであろう薬物の密売に関し盗聴（通信傍受）するというものです。

大問題は、3号です。当時の法務省刑事局長の説明によれば、3号によって、偵察や犯行後の逃走のため（殺人の準備として）自動車窃盗をしたときは、これからなされるであろう殺人（修正後は組織的殺人）の盗聴（通信傍受）ができる、というのでした。刑事訴訟法は、犯罪が発生してから捜査が始まると規定しています（189条2項）。当然のことながら、捜索・差押えも犯罪発生後に令状によってなされます。ところが、盗聴法は、この原則を大きく変えるものです。もし、犯罪が発生していないのに強制捜査ができるということが認められるとなったら、犯罪を起こしそうだ、ということで予防的に人が逮捕されたり、捜索・差押えされたりされかねません。罪を犯してもいないのに、捕まえられるような世の中は想像するだけでぞっとします。

(Q.15) 対象犯罪を広げたといっても組織要件で、絞っているのではないですか。
(A) 確かに、広げられた対象犯罪にあっては、「当該罪に当たる行為が、あらかじめ定められた役割の分担に従って行動する人の結合体により行われるものに限る」という要件が規定されています。

ところで、現在、これと似た組織要件を定めている法律があります。それは、組織的犯罪処罰法です。そこには組織要件が次のとおり定められています。

「指揮命令に基づき、あらかじめ定められた任務の分担に従って構成員が一体として行動する人の結合体」両者を比較すると、今回の法案の規定（前者）には、「指揮命令に基づき」「構成員が一体として」が欠落しており、「任務の分担」が「役割の分担」に変わっています。前者の規定では、多くの共犯事件がその組織規定に含まれてしまうでしょう。共犯事件は「人の結合体」ですし、実行犯や見張りといった「あらかじめ（の）役割分担」が決まっているのが通常だからです。これでは組織規定とはいえず、対象犯罪を想定する機能はなきに等しいといわざるを得ません。

第Ⅱ部

通信盗聴法改悪の全面的批判

序章　盗聴法改悪の発端と質的転換

1. 盗聴法改悪の発端

2014年9月18日に開催された第173回法制審議会は、「時代に即した新たな刑事司法制度を構築するための法整備の在り方に関する諮問第92号について」を議題とし、「新たな刑事司法制度の構築についての調査審議の結果【案】」を法務大臣に答申した。

諮問第92号は、そもそも村木事件、足利事件、志布志事件等検察や警察の不祥事の反省から、取調の可視化が実現するかどうかを問題としたものだった。

諮問を受けて始められた特別部会では、可視化と並んで、警察サイドから「被疑者・被告人に録画・録音という手段を与えるのだから、自分たちにも新しい捜査手法をよこせ」との主張があったことからしても、最初から盗聴法の改悪を考えていたことは明らかだった。それが盗聴対象犯罪の大幅拡大と立会人の廃止という結果を招いた。

この特別部会において、盗聴法制定当時には反対運動の先頭に立っていた日弁連は、どのような態度をとったのであろうか。

2013年1月18日開催の第18回会議において、「時代に即した新たな時代の刑事司法制度の基本構想（部会長試案）」が提案されたが、この会議の3日後の21日付で、ある日弁連推薦委員から部会長あてに修正意見が提出されている。「通信傍受が、憲法の保障する通信の秘密やプライバシーを侵害する捜査手法であることから、対象犯罪の拡大や実施要件の緩和には、特別の配慮が必要であるとの指摘を踏まえつつ、･･･通信傍受法を改正することについてその採否も含めて具体的な検討を行う」と書かれていた。

しかし同年1月29日に開催された第19回会議で了承された基本構

想の提案説明は、そのような意見があったことを紹介した上で、「(それまでの議論は) いずれも現行通信傍受法における傍受の実施の適正担保の要請を緩和するものとは必ずしも考えられない」として採用しないこととした。しかし当該委員（日弁連）からの反論は無かった。

この段階で日弁連は、対象犯罪の拡大と立会の廃止には賛成してしまったのである。したがって、その後の屁理屈をつけた説明も説得力のないものとなってしまった。(第５章で詳述)

2. 盗聴法の質的転換

盗聴法改悪の問題点の第１は、対象犯罪の拡大である。従来の四罪種(薬物・銃器・集団密航・組織的殺人) から、新たに以下を拡大することである。

一般刑法犯罪として、現住建造物等放火、殺人、傷害、逮捕・監禁、略取・誘拐、窃盗・強盗、詐欺・恐喝、爆発物取締罰則違反としての爆発物使用罪、ポルノ処罰法違反としての提供罪および製造罪。

問題点の第２は、要件規定のあいまいさである。従来型の盗聴要件に以下を加えている。

「当該犯罪があらかじめ定められた役割の分担に従って行動する人の結合体により行われたと疑うに足りる状況があるとき」

これを組織的犯罪処罰法と比較・検討すると、組織的犯罪処罰法では大枠としての団体があり、その中の組織が問題とされているが、ここでは団体の要件がないので、単なる人の集まりでもそれが組織と認定されれば、要件に当てはまることになる。

さらに、指揮命令が必要ではなく、一体性も必要ではないので、本文に規定されている要件の「数人の共謀」さえあれば、共謀には当然のように「役割の分担」も含まれているので、法案で提起された「組織性の要件」(但し書) を満たすことになる。

対象犯罪が一般犯罪に拡大されたことと相まって、このような要件は何らの限定にもならない。

問題点の第3は、盗聴手続きの緩和である。通信内容を暗号化したうえ、通信事業者から捜査機関にある特定装置へ送り、複合化し、スポット傍受を実施する。その後また暗号化し、裁判所に送付する。この場合、傍受した通信及び傍受の経過を記録媒体に自動的に記録し、当該記録を即時に暗号化してその改変を防止するという方法を導入することにより、立会はいらないという。

機械任せの装いをこらすが、不正は介在しないのか。警察の中で勝手に記録される等々の不正が起こらないことの根拠は何もない。ただ、「警察を信用せよ」というだけである。

かくして、盗聴法は質的転換を遂げることになる。

従来の四罪種は、暴力団が行う犯罪や組織犯罪に限定されていたが、答申が新たに対象とする犯罪は刑法犯であり、組織の関与は全くないものである。だから、あえて「組織性の要件」なるものを加えているのである。しかし、これが何の意味も持たないことは前述したとおりである。

このように拡大した結果、盗聴対象犯罪から犯罪の特徴をつかむことは不可能になった。このことは、安易な盗聴対象犯罪の拡大につなげることを可能とするものに違いない。

私たちは、室内盗聴や今後の通信盗聴の拡大について、今後どうなるかを考え、治安立法として利用されるおそれはないかを注視し、監視していなければならない。

盗聴法改悪が目指すものは、国家に都合のよい人間作り－思想統制の実現－であり、国家に従順な人間作り－もの言わざる民の育成であり、結果として、市民社会を委縮させるものである。特定秘密保護法の施行や共謀罪の導入がなされれば、警察から、捜査手法としての盗聴への期待が高まることは明白である。

第1章　2015年通信盗聴実施状況

2016年2月19日、法務省は、2015年に行われた通信盗聴の実施状況を国会に報告した。それによれば、それらの通信手段はすべて携帯電話であり、内訳は、覚醒剤取締法違反として「営利目的の覚醒剤譲渡罪」4件、「営利目的の覚醒剤輸入罪」1件、麻薬特例法違反として「業として行う覚醒剤等の譲渡罪」4件、組織的犯罪処罰法違反として「組織的殺人未遂罪」1件で通信盗聴が行われたという。その詳細は、表1の通りである。

表1　2015年通信盗聴実施状況

番号	盗聴令状			実施期間	通話回数	盗聴該当通信	別件盗聴	無関係盗聴	無関係盗聴率	逮捕人員
	請求	発布	罪名							
1	5	5	営利目的の覚醒剤譲渡罪	14	64	5	0			15
				14	231	8	1			
				14	232	23	1			
				13	124	51	0			
				14	157	87	0			
	小計			69	808	174	2	632	78.2	
2	5	5	営利目的の覚醒剤譲渡罪	27	1573	243	0			6
				27	325	191	0			
				27	985	322	0			
				27	52	28	0			
				20	9	0	0			
	小計			128	2944	784	0	2160	73.4	
3	5	5	営利目的の覚醒剤譲渡罪	8	18	3	1			15
				16	791	509	37			
				6	150	73	22			
				9	0	0	0			
				17	878	668	36			
	小計			56	1837	1253	96	488	26.6	

4	2	2	営利目的の覚醒剤譲渡罪	27	204	165	0			19
				27	335	73	0			
	小計			54	539	238	0	301	55.8	
5	2	2	営利目的の覚醒剤輸入罪	3	56	0	0			0
				2	25	1	0			
	小計			5	81	1	0	80	98.8	
6	3	3	業としての覚醒剤等の譲渡罪	29	750	115	0			15
				29	1657	612	0			
				14	573	140	0			
	小計			72	2980	867	0	2113	70.9	
7	4	4	業としての覚醒剤等の譲渡罪	27	434	26	0			7
				9	246	22	0			
				17	66	10	0			
	小計			53	746	58	0	688	92.2	
8	3	3	業としての覚醒剤等の譲渡罪	21	988	533	0			12
				9	121	40	0			
				12	101	76	0			
	小計			42	1210	649	0	561	46.4	
9	7	7	業としての覚醒剤等の譲渡罪	23	148	34	0			10
				15	484	194	0			
				2	53	16	0			
				25	1257	413	0			
				20	676	168	0			
				5	54	2	0			
	小計			90	2672	827	0	1845	69.0	
10	6	6	組織的殺人未遂罪	16	93	0	0			2
				16	130	0	0			
				16	252	6	0			
				7	151	9	0			
				7	0	0	0			
				7	85	5	0			
	小計			69	711	20	0	691	97.2	
合計	42	42		624	14528	4871	98	9559	65.8	101

ここから明らかになることは、過去の盗聴とは異なり、無関係盗聴率が下がったことである。無関係盗聴率が60パーセント台であったのは2003年だけである（資料1参照）が、この年の通信盗聴は、令状発布4件・通話総数772回と少なく、あまり参考にならない。例年80パー

セント以上のものが65パーセント台になったのはなぜなのであろうか。その原因の解明が待たれるところである。

1. 将来の犯罪と過去の事件の証拠収集

2015年は、覚醒剤取締法の「営利目的の覚醒剤譲渡罪」、「営利目的の覚醒剤輸入罪」、麻薬特例法の「業として行う覚醒剤等の譲渡罪」、組織的犯罪処罰法の「組織的殺人未遂罪」を適用した通信盗聴が行われた。

このうち、譲渡罪については、通信盗聴で得られた情報に基づき、譲渡現場での逮捕が行われたと思われる。これについて、2002年3月に通信盗聴法を初適用し、暴力団組員を数人逮捕した事件について、同年3月30日の日本経済新聞は、「通信傍受法を初適用、暴力団組員ら数人逮捕・警視庁」として、次のように伝えている。

> 警視庁薬物対策課は30日までに、通信傍受法を適用し、暴力団組員が絡んだ覚せい剤密売の事実を確認、覚せい剤取締法違反の疑いで組員ら数人を逮捕した。同法の適用は2000年8月の施行以来初めて。同課は昨年秋、携帯電話サイトの掲示板に覚せい剤の取引をにおわせる書き込みがあるのを発見。今年1月、連絡先となっていた携帯電話の通話を傍受する令状を東京地裁に請求した。
>
> 令状が出たため、今年1月下旬から10日間にわたり都内で会話を傍受、取引の実態が確認できたとして組員ら数人を逮捕した。同法は2000年8月に施行されたが、傍受できる条件が極めて厳格なため、これまで適用に至らなかった。

覚醒剤取締法違反事件にしろ、銃刀法違反事件にしろ、譲渡罪については、通信盗聴で得られた情報に基づき、譲渡の現場で逮捕した。この場合の通信傍受は、将来行われるであろう犯罪の情報であった。

これに対して、2015年にも1件で行われた組織的犯罪処罰法違反としての組織的殺人罪については、すでに行われた刑法犯としての殺人事件が組織として行われた疑いに基づき、それを解明するための通信盗聴であると思われる。このような殺人事件の解明のために行われた通信盗聴については、2014年10月2日の毎日新聞は、「工藤会：15人逮捕、決め手は通信傍受」として、次のように伝えた。

特定危険指定暴力団「工藤会」（北九州市）のトップ、野村悟容疑者（67）ら最高幹部を含む計15人が、看護師の女性を殺害しようとしたとして組織犯罪処罰法違反（組織的殺人未遂）容疑で逮捕された。暴力団による襲撃事件は指示系統の立証が難しく、首謀者とみられる最高幹部までが一斉に逮捕されるのは異例だ。捜査関係者によると決め手となったのは通信傍受だったという。

「ウルトラCを使って逮捕する」。約1年前、福岡県警幹部は周囲にこう語っていた。

それは通信傍受法に基づく通話内容の傍受を指していた。

捜査関係者によると、女性の周辺の捜査を進める中で、勤務先のクリニックで治療を巡り野村容疑者とトラブルになっていたことが分かった。更に襲撃事件の前、通信傍受法に基づき別事件で傍受していた組関係者の通話内容に、野村容疑者が襲撃を指示したことをうかがわせる内容があることをつかんだという。

00年8月に施行された通信傍受法は4種（薬物犯罪、銃器犯罪、集団密航、組織的殺人）の組織犯罪に限って裁判所に令状を請求した上で電話やメールを傍受できる。

今回の事件では、事件後に県警が改めて組織的殺人未遂の容疑で令状を取り、野村容疑者が使用する携帯電話の傍受を続けた。現場周辺の防犯カメラを解析するなどの基礎捜査も進め、配車役や下見役などの役割分担も解明し、最高幹部の指示による組織的関与を示す証拠を固めたという。

捜査関係者は「通信傍受は手続き的に利用が難しいが、今回は工藤会壊滅のために粘り強く捜査を続けたことで逮捕にこぎ着けられた」と話した。

通信盗聴法の基本は、将来の犯罪に対し、事前に情報を入手し、その情報に基づき犯行現場に赴き、そこで行われる犯罪に対し現行犯逮捕するためのものであるが、すでに行われた犯罪の証拠収集のための通信盗聴も認められている。

2. 闇の世界の通信盗聴

さらに、表1から事件番号3の四回目の盗聴では、9日間実施したにもかかわらず、通話回数はゼロであった。その前後では、6日間の盗聴で150回の通話があり、73回の通話が令状条件を満たし、17日間の盗聴で878回の通話があり、668回の通話が令状を満たしていた。では、四回目のゼロをどのように評価したらよいのであろうか。捜査機関の予測を全く超えていたのか、それとも何が原因なのか。実施した警察機関はしっかりとした説明をしなければならない。

また、事件番号10の組織的殺人未遂事件では、一回目の16日間と二回目の16日間にそれぞれ93回と130回の通話が行われていたが、盗聴対象通話はゼロであった。やっと三回目で252回の通話が行われ、6回の通話が盗聴の対象であった。これについての詳細は不明であるが、どのような「特別な事情」（必要性）に基づいて裁判所は延長を認めたのであろうか。

通信盗聴法では、延長分を含め最大30日の盗聴を認めている（7条1項）。同一事件についての盗聴は、30日以内の盗聴が終わった後でも、「さらに傍受をすることを必要とする特別な事情がある（8条）」ときには、許される。この事件番号10の場合には、6回にわたる通信盗聴が許可され、実施されたことを意味している。一回目の盗聴で対象通話がゼロであったにもかかわらず、「特別な事情」を認定し、再度の令状が発布された。またその時もゼロであったにもかかわらず、今度はどのような「特別な事情」を説明資料として使ったのであろうか。それを発布した裁判所は、警察の説明に納得して発布したのであろうか、あるいは単に「めくら判」を押したのであろうか。これらの詳細についても不明であり、法の精神を無視した闇の世界で進められているように思えてならない。

なお、ここで「通信傍受」ではなく、「通信盗聴」という言葉を使う意味について説明しておこう。「通信傍受」とは、無線通信を交信の相手でない者が受信することである。例として、モールス信号を用いた外交通信を上げることができる。このような無線通信はどこにでも飛んでいるものであり、機械があればそれを取得することができる。それを傍受するだけなら、違法ではない。電波法69条は「何人も法律に別段の定めがある場合を除くほか、特定の相手方に対して行われる無線通信を傍受してその存在若しくは内容を漏らし、又はこれを窃用してはならない。」と規定し、109条では、「無線通信の秘密を漏らし、又は窃用した者」を処罰することとしている。したがって、警察無線であろうが、消防無線であろうが、航空無線であっても、自己使用で傍受するだけなら違法ではない。

これに対して、「盗聴」とは、会話や通信などを、当人らに知られないようにそれらが発する音や声をひそかに聴取・録音する行為である。したがって、会話を盗聴する場合にはその現場に盗聴器を設置する必要があり、通信の場合には、その通信を盗み聞くための機器＝盗聴器を設置しなければならない。しかし、これも違法ではない。

ここから明らかなように、「傍受」も「盗聴」も違法ではないことにおいて共通している。その違いは、その対象が無線か有線又は肉声かの違いである。有線通信や肉声の場合には、そこで聞こえてくる声を盗み聞くのであり、「盗聴」に当たる。それに対して、無線通信の場合には、聞くことはできないが、器械であればだれでもが補足できるものであり、その行為が「傍受」である。

したがって「通信傍受」という言葉は、規制される行為の本質を指すものではなく、その本質を隠すものである。それはあたかも、市民を監視するために設置してあるカメラを「監視カメラ」とは言わずに、「防犯カメラ」というのと一緒である。このような本質を隠ぺいする言葉を使用するわけにはいかない。本書では、「通信盗聴法」と呼ぶ。

第2章　始められた盗聴の「合理化」と「効率化」の検討

取り調べの可視化を実現するために、2011年6月に発足した法制審議会特別部会の審議では、可視化の実現への努力とは別に、捜査機関の新たな捜査手法を容認する姿勢が鮮明にされた。その一つが、盗聴法の対象犯罪の拡大と手続きの合理化であり、司法取引の導入である。私たちは、このような世論を無視した新たな捜査手法の導入に反対するだけではなく、治安立法の在り方そのものを問題としてきた。

1．2015年5月19日衆院本会議

特別部会の答申の下で作成された「刑事訴訟法等の一部を改正する法律案」は、2015年5月19日衆議院本会議で趣旨説明が行われ、審議が開始された。法務委員会での審議を経て、8月5日、衆議院法務委員会は、与党と民主党の修正合意を受け、修正案を可決し参議院に送付した。8月21日、参議院本会議で趣旨説明が行われ、法務委員会に付託されたが、会期切れにより9月25日に継続審議とされている。

衆議院法務委員会での議論は、民主党山尾志桜里筆頭理事が法務委員会の席上で明らかにしたような三つの原則の下で進められていた。それは、次のようなものである。

法務委員会今後の運営に関する理事懇での確認事項

円満な合意形成を目指すことを確認

そのうえで、以下の4点の順に審議を進める。

① 可視化

② 司法取引

③ 証拠開示・保釈

④ 通信盗聴

それぞれの項目について、政府質疑、参考人招致・視察、政府質疑を行い、その後、一般質疑では、総括質疑と同程度の時間を確保する。

審議の中心は、この法案で問題とされている四つの事項、すなわち、取調の可視化、司法取引、証拠開示と保釈及び通信盗聴法の改悪である。

2.「司法取引導入・通信傍受拡大の削除もしくは抑制的規定」

衆議院法務委員会では、民主党は、維新の党や共産党と共闘し、三党を中心とした学習会を行っていた。それを受け、法務委員会では、徹底的な議論が行われ、それなりの成果が生まれていた。

民主党は、2015年6月30日に開催された「次の内閣」で、民主党議員立法「刑事訴訟法等の一部を改正する法律案」の骨子が了承された。この会議終了後、「山尾志桜里ネクスト法務副大臣（衆院法務委員会理事）は、委員会での質疑の運びを報告したうえで、民主党の『刑事訴訟法等の一部を改正する法律案骨子』について、『民主党政権時の村木さんの冤罪事件をはじめとする一連の冤罪事件を契機にえん罪防止をするためにスタートした改正であり、その趣旨を全うする精神でまとめた』と強調。取り調べ状況の可視化については、義務化対象を拡大し例外事由を限定、可視化義務違反の効果を拡大するとし、証拠開示や勾留のあり方については、権利保釈の除外事由の厳格化や証拠開示制度を拡充。司法取引については、改正の本旨に反し認められないとし、通信傍受の対象拡大と新手法導入については、安易な対象拡大や適正な担保のない新手法を認めるべきではないなどと内容説明した。『本日の『次の内閣』会議で了承されたことを受け、明日以降、野党に協議を呼び掛けて一石を投じていくとともに、与党にも政府案の大幅な修正を求め迫っていきたい』などと力を込めた。」（民主党ホームページからの引用）その「刑事訴訟法等の一部を改正する法律案骨子」には、「取調べの状況の録音・録画」「保釈の見直し」「弁護人による援助の充実化」「証拠開示制度の拡充」「犯罪被害者等及び証人を保護するための措置」が含まれていたが、盗聴の拡大や司法取引の導入については何らの提案もしていない。これは、それらの導入を党としては認めないことを意味していた。

当初、民主党は単独で対案要綱を作成し、発表した。その後、維新の党と合意し、共同で修正案要綱を公表した。これは、民主党案に、現行法の盗聴対象犯罪に四罪種を加えることを付加したものである。それに基づき、民主党と維新の党は、与党との間で修正協議を行うこととした。しかし、私たちには、その後の経過が全く見えなかった。

2015年8月4日、民主党の「次の内閣」で、「刑事訴訟法改正案」が決定された。それによれば、「刑事訴訟法改正案については、取り調べの可視化に加え、全ての事件について録画の努力義務を課す一方で、司法取引の導入、通信傍受の拡大については削除もしくは抑制的な規定としている。修正協議等、最終的な対応は細野政調会長と担当ネクスト大臣に一任で了承した。」と説明している。

3．急転直下、民主党の修正合意

ところが、事態は思わぬ方向に急展開した。

8月4日に細野政調会長と担当ネクスト大臣に一任された内容は、常識的にはそこに触れられた内容のもの、すなわち「司法取引の導入、通信傍受の拡大については削除もしくは抑制的な規定」であるものと思われた。ところが、同日に行われた与党との修正協議で、ほとんど無内容な内容で合意し、付帯決議でお茶を濁してしまったのである。

山尾筆頭理事は、翌日の法務委員会で、「(1) 司法取引制度（証拠収集等への協力及び訴追に関する合意制度）について、合意のための協議の際に弁護士が常時関与することとする (2) 通信傍受法について、通信の当事者への通知事項として、傍受記録の聴取の許可の請求や不服申し立てをできることにすることを追加する (3) 付則の検討条項に、再審請求審での証拠の開示などについての検討を追加する――など修正内容を説明した。」

さらに、8月7日に行われた本会議では、山尾議員は、積極的に賛成討論を行い、次のように述べている。

「捜査機関の『力』の拡大に偏りすぎていた原案に対し、冤罪をなくすという『正義』の要請に引き戻す修正ができたと評価して、民主党は賛成する」と表明。「だからこそ私たちは、法案を成立させた責任を担い、今後録音・録画が拡大されていくのか、傍受が人権を侵害していないか、司法取引が冤罪を引き起こしていないか、しっかりと確認していく」と決意を込めた。

また、法務委員会での審議のあり方についても言及、安全保障関連法案と同様に、乱暴な一括の束ね法案という問題がありながら、4テーマに区分され、1テーマごとに参考人質疑を中心に丁寧に議論が積み重ねられた結果、こうした修正に至ったと振り返り、「与党が数の力におごらず、野党が数の違いをあきらめなければ、結論ありきの審議ではなく、結論を全員で作り上げていく審議は可能。このことを実践してくださった関係者の皆さまに、与野党問わず感謝したい」「民主党はこれからも、野党第1党として建設的な議論をリードし、『力』に『正義』で歯止めをかける役割をしっかり果たしていくことを誓う」と締めくくった。

これが果たして、一任された「司法取引の導入、通信傍受の拡大については削除もしくは抑制的な規定」として作用したのであろうか。

これを読むと、期待されていた内容とは全く異なるもので「修正」されてしまった。なぜこのような事態が生じたのであろうか。単に、山尾筆頭理事の独走と片付けてよいものであろうか。これについては、今後の検証を待たなければならない。

その後の調査によれば、民主党は、修正協議に際し、修正重点項目を5項目ほど作成していたという。これは、維新との共同修正案とは全く無関係なものであり、政府案に対する修正要求である。それに基づいて協議は進められたが、与党側の壁は厚く、一向に要求に応じようとはしなかった。そこで、民主党は要求内容を下げ、最終合意に至ったといわれている。

第3章　通信盗聴法の制定経緯と盗聴の実態

1. 通信盗聴法の制定経緯

通信盗聴法（犯罪捜査のための通信傍受に関する法律）は、連日の反対行動にも関わらず1999年8月12日、自民、自由、公明3党などの賛成で成立し、翌年の2000年8月に施行された。しかし、この法律による警察の盗聴は、毎年、実施状況が国会に報告されているが、2000年と2001年はゼロであった。すでに述べたように、2002年3月、通信盗聴が初めて行われた。その実施件数は、年間10件程度が実施されているだけで、警察はあまり活用してこなかった（資料1参照）。

これは、当時の反対運動の声に押され、警察の盗聴が非常に抑制的・限定的に縛られた結果であるといってよい。裁判所の令状が必要なこと、令状も警部以上による一般的令状請求権者より責任が重い警視以上にしたこと、組織犯罪に限ったこと、対象犯罪を、薬物関連犯罪、銃器関連犯罪、集団密航及び組織的殺人の捜査の4つに限定したこと、ＮＴＴ職員など通信事業者の立会いが必要なこと、該当性判断盗聴につき、裁判官の事後審査を認めた（21条2項）こと、盗聴の場所も警察施設ではなく通信事業者の施設に限られたことなどによる。しかし、こうした中でも警察は、こういう制約を外そうと必死にあがいていたのである。

この通信盗聴行為は、憲法が保障する通信の秘密（憲法21条2項）を侵害し、その結果として、プライバシーを侵害するものであることは間違いがない。また、犯罪捜査の強制処分についても、憲法は、令状主義を採用している（35条）。令状主義では、捜索する場所と物を特定しなければならない。この特定性の要請は、強制的な国家機関である警察活動がみだりに私生活に介入することを許さない最低限の保障である。もしこれを認めなければ、市民生活への警察の恣意的介入を招いてしまう。

通信盗聴法によって認められた傍受令状は、この特定性の要請に応えているのであろうか。場所の特定については、電話番号の特定により、特定されているように思われる。それに対して、物に特定についてはどうであろうか。それは、通信で考えた場合、通信内容の特定であろう。それをどのようにして特定するのか。通話は、聞かない限りその内容を把握することはできない。特定性はないに等しいのだ。特に、該当性判断のための盗聴については、特定性の要請を満たしていないことは明白である。

通信盗聴法３条１項は、「犯罪の実行、準備又は証拠隠滅等の事後措置に関する謀議、指示その他の相互連絡その他当該犯罪の実行に関連する事項を内容とする通信が行われたと疑うに足りる状況があり、かつ、他の方法によっては、犯人を特定し、又は犯行の状況若しくは内容を明らかにすることが著しく困難であるとき」に、裁判所の発行する令状に基づき、通信盗聴の実施を認めている。

まず対象となる犯罪は、薬物犯罪、銃器犯罪、集団密航罪、組織的殺人罪の四罪種である。これらの犯罪の実行等の通信を盗聴するための要件としては、この３条１項で、実体要件と特別要件を定めている。これの前段の規定が実体要件であり、後段が特別要件である。

実体要件は、実行、準備・証拠隠滅等の事後措置に関する謀議、指示その他の相互連絡のような、その犯罪の実行に関連する事項を内容とする通信が行われたと疑うに足りる状況があるときである。それは、さらに、「疑うに足りる十分な理由がある」とき（嫌疑の充分性）と「数人の共謀によるものである」とき（共謀要件）が必要である。

さらに、特別要件としては、補充性の要件すなわち「他の方法によっては、犯人を特定し、又は犯行の状況若しくは内容を明らかにすることが著しく困難であるとき」が必要とされている。このような厳格な要件の下でのみ許されているのが、現行通信盗聴法下の盗聴である。

また、忘れてならないことは、当初の政府案では国会通過が難しく、公明党が中心となって、現行通信盗聴法が作られたことである。当初、公明党は野党であったので反対していたが、与党に組み込まれることになり、賛成に転じたが、野党時代の経緯もあり、単純に政府案に賛成するわけにはいかなかったのである。そこで、対象犯罪を極端に限定し、要件も厳格化したのである。

盗聴の期間は10日以内であるが、合計30日までの延長は認められている（7条1項）。この30日以内の盗聴では足りず、さらに盗聴することが必要と判断した場合には、裁判所に改めて令状を請求することになる。その場合、裁判所は、以前と同一の被疑事実が含まれていたとしても、「さらに傍受をすることを必要とする特別の事情があると認めるときに限り」令状を発布することができるとされている。しかし、「特別な事情」に関しては何も定めていないので、請求する側と裁判所の判断が一致すれば請求が認められることになる。これでは、一回の通信盗聴を30日以内に限定した意味が薄れ、警察の主観的判断により、どこまでも延長可能になってしまっているのであろう。

2. 現在行われている通信盗聴

(1) 統計から見えてくること

通信傍受令状実施状況（資料1）によれば、施行された2000年と翌年の2001年は、実施件数はゼロであった。2002年に初めて実施され、2015年12月31日までに、総計109件で実施された。適用事件では、圧倒的多数が薬物事犯であり85件に達している。銃器犯罪は16件、組織的殺人は8件であり、集団密航罪は一度も適用されていない。

これらの実施された109件の盗聴を概観すると、盗聴には、二つの種類があることが分かる。すなわち、情報収集型盗聴と証拠収集型盗聴である。薬物犯罪や銃器犯罪で行われた盗聴は前者であり、犯罪が行われる前の段階での犯罪実行に関する情報の収集を目的とし、得られた情報から実行現場に赴き、行為者を現行犯逮捕するものである。これに対して、組織的殺人罪を対象とする盗聴は、すでに行われた殺人（未遂を含む）事件に関し、組織が関与した疑いがあると思われるときに、その関与に関する証拠を収集するために行われるものである。これらの盗聴は、事前盗聴か事後盗聴かの違いはあるが、犯罪情報の収集を目的としていることには変わりがないはずである。しかし、事後盗聴については、組織の関与を問題とするものであり、組織に関する情報収集を図ることも可能であろう。

さて、この統計を見ると、特徴的なことが見えてくる。令状発布の嫌疑となった犯罪とは無関係な盗聴が非常に多いということである。それは、犯罪情報の収集を名目とした組織に関する一般的な情報収集を目的としているのではないかという疑いを持たせるものである。

この通信盗聴に基づく逮捕者は、603名であったが、どのようにして逮捕されたのか等の詳細は不明である。

その間、令状請求は325件でなされたが、2011年に2件の却下があったので、令状発布件数は323件である。

次に通話の内容についてみてみよう。盗聴した通話総数は97,932回であり、そのうち、「傍受すべき通信に該当する通信」(22条1項1号)17,603回、別件盗聴(22条1項3号)865回であった。その結果、令状との無関係通話で盗聴されたものは83,774回にのぼる。この数値が高いか否かは判断が分かれるところであるが、盗聴された通信のうち85.5パーセントの通話が無関係であったということは、憲法が保障する通信の自由を侵害するものであることが明らかであろう。

この関係の統計からは、次のようなことが見えてくる。

一覧表は割愛するが、2011年の統計では、①番号3の銃刀法違反事件(加重所持、実包所持等)、実施期間10日138回、10日36回であり、合計20日274回実施したが、該当通話はゼロであった。②番号4の銃刀法違反事件(加重所持、実包所持等)、実施期間19日43回、28日1260回、15日763回、15日591回、8日64回であり、合計85日2721回の通信傍受を実施したが、該当通話はゼロであった。③番号5の銃刀法違反事件(加重所持、実包所持等)、 実施期間30日460回であったが、該当通話は0であった。④番号6の銃刀法違反事件(拳銃発射、加重所持、組織的殺人等)、実施期間は7日であったが、通話回数がゼロであった。⑤番号10の組織的犯罪処罰法違反事件（組織的殺人）、実施期間20日561回、17日160回、17日18回、10日220回であり、合計64日959回の傍受を実施したが、該当通話はゼロであった。

次に、2012年の統計である。番号3の銃刀法違反事件（加重所持等）では、実施期間17日284回、16日167回、25日480回、合計58日931回実施したが、該当通話はゼロであった。番号4の銃刀法違反事件（譲渡、所持）では、実施期間10日175回、10日390回。合計20日実施したが、該当通話はゼロであった。

2013年の統計である。番号7の銃刀法違反事件（発射、加重所持）・組織的犯罪処罰法違反事件（組織的殺人未遂）では、実施期間30日728回、8日265回、20日487回であり、合計58日1480回実施したが、該当通話はゼロであった。

2014年の統計では、該当通話はゼロではないが、非常に少なく、また、別件盗聴のみというものも存在する。番号7の銃刀法違反事件では実施期間30日671回の通話、30日395回の通話があり、合計60日1066回の通話があったが、該当通話は、前半での1回のみであった。番号8の銃刀法違反事件では30日間実施し、1174回の通話があったが、該当する通話はゼロであり、別件盗聴での通話が12回あった。

このように該当通話がゼロというのは、この盗聴が空振りに終わったことを意味している。警察は、今後の活動のためにも、そのような事態を総括すべき義務があり、また、憲法の保障する通信の自由を侵害しているのであるから、そのような空振りの盗聴についての総括は、その原因と対応を含め、はっきりと国会に報告すべきものと思われる。

⑵ 通信盗聴の様子

警察庁によれば、通信盗聴は次頁の図のように行われているという。

この真ん中にある「傍受の実施」は、通信事業者の施設で行われ、通信施設管理者の常時立会が必要である。このため、後述するように、通信事業者は多大な負担を強いられているという。

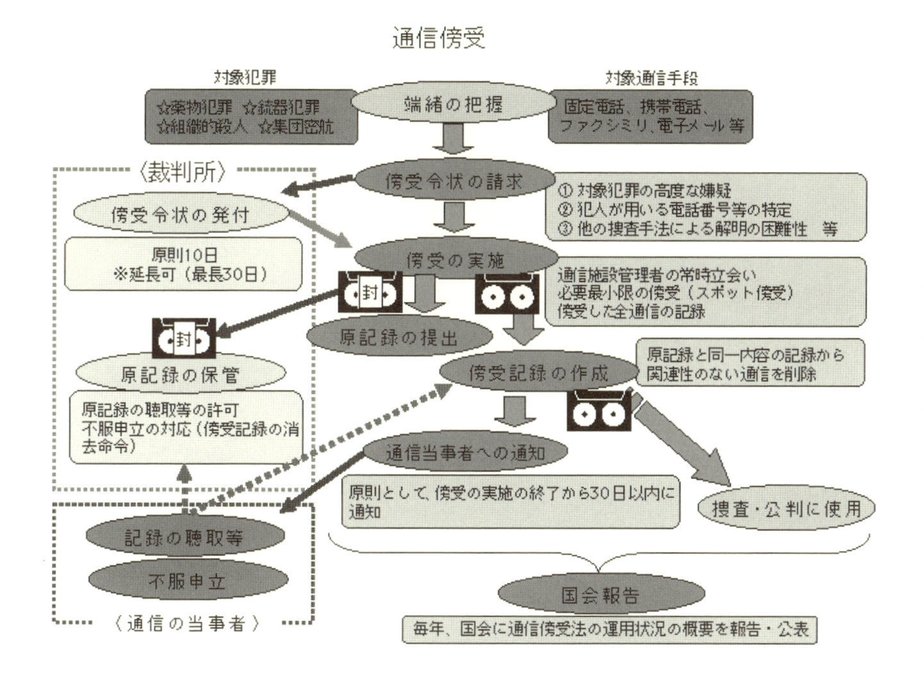

このように複雑な方式の下で進められている通信盗聴では、それを受ける業者は、警察の盗聴をどのようにみているのであろうか。

⑶ 通信事業者の苦悩

資料２～６は、2015 年６月 17 日に実施された衆議院法務委員会での視察の際に、SoftBank より明らかにされた資料である。資料３では、ネットワークセンターにある加入者交換機で基地局と基地局がつながれていることが明らかになった。その加入者交換機の中に、通信傍受システムを構成する「通信傍受用サーバ」と「通信傍受用 PC」が存在することが資料３より明らかである。また、資料４では、通信傍受システム内で行われる「通信傍受の対象設定」から最後の「傍受データ」に至る流れが書かれている。それによれば、通信盗聴は、①通信傍受用 PC で「通信傍受対象の設定」を行い、通信監視サーバを経由して、②通信傍受サーバに「登録」し、③登録されたデータに基づき「通話の傍受」

を行い、④「傍受データ」を、通信傍受監視サーバを経由して、通信傍受用 PC に送ることによって行われることが明らかになった。

通信盗聴を行う警察官は、盗聴が行われる通信事業者の部屋にこの「通信傍受用 PC」を持ち込んで通信盗聴を行うのである。

この一連の流れを示したものが、資料 5「通信傍受のフロー図」である。それによれば、約 1 ヶ月かけて、警察は通信事業者と「事前相談（希望日程）・立会人調整」を行う。警察は、地方自治体と通信事業者からの立会人確保が不能な場合に備えて立会人調整を行い、通信事業者は、自社内での場所の確保と対応者の確保を行う。それらの二つが終了したら、両者の間で「実施要領」が決定される。その上で、警察は、約 1 ヶ月前に令状を請求し、裁判所から令状の発布を受ける。令状に記載された期間で、いよいよ通信盗聴が開始されことになる。その後のことについては、「傍受実施」に書かれているとおりである。

通信事業者内で実際に行われた立会人調整についての一覧表が、資料 6 である。9:00 から 17:00 の前半部分では地方公務員の協力の下、地方公務員の立会が増えているが、後半（17:00 〜 22:00）では、地方公務員の協力が得られず、自社内での調整が必要になっていることが分かる。この表に出ている 30 日間のうち、前半では、社員が立会人を務めたのは 8 日であるが、後半では、地方公務員の立会日は 5 日のみで、社員の立会は、残りの 25 日に及んでいる。

そこに書かれているように、SoftBank では、「事前相談が来ると、各部署にアサインを依頼し、立会人（社員）を確保」するが、「通常業務を行っている社員の中から、短期間に多数の人数を確保することに苦心」するという。

通信盗聴の実施については、その 1 か月以上前から、警察は通信事業者と密接な連絡を取り、実施方法を打ち合わせている。資料 6 の日数が 30 日にわたるのは、通信盗聴法で最大 30 日の延長が許されているから、そのことを前提に最初に 30 日間のシフトを作成しているのであろう。

このような通信事業者による立会いの義務化は、現行通信盗聴法が当初から抱えていた問題である。その12条1項は、立会人を「通信手段の傍受をする部分を管理する者又はこれに代るべき者」としている。これでは、立会は通信事業者の全面的負担となってしまう。中立と公正を保つためには立会は必要であるとの観点から、今一度立会人の在り方を再考すべきであろう。

第4章　通信盗聴法改悪の背景と法制審での審議

1. バイブルとなった2013年「基本構想」

2013年1月29日に開催された法制審議会「新時代の刑事司法制度特別部会」（以下、「特別部会」という。）第19回会議で採択された「時代に即した新たな刑事司法制度の基本構想」（以下、「基本構想」という。）の中で、当局側の見解として、次のように述べている。

通信傍受は、「傍受令状が発付された事件数及びその逮捕人員数は、それぞれ年間で数十程度にとどまっており、諸外国で年間に数千件から十万件を超える通信傍受が行われていることと対比して、その活用は極めて低調なものに止まっていると言わざるを得ない。

しかしながら、通信傍受は、組織的な背景を有する犯罪を中心として、共犯者間での犯行の計画、準備、実行、証拠隠滅等に関する謀議・指示などの内部的事情に関する通信を、ありのままに記録して証拠化することを可能とする手法であり、取調べ及び供述調書への過度の依存を改めて多様な証拠収集手段を確立していくに当たり、取調べを通じた事後的な供述証拠の収集に代替するものであり、また、これが困難な場合にも証拠収集を可能とする手法でもある。実際、当部会において視察した諸外国においても有用な捜査手段として実際に幅広く活用されていた。」

ここで注意しなければならないことは、当局は、あえて問題をすり替えていることである。現行の通信盗聴制度がどのように誕生し、結果としてどのような要件が必要とされたのかについては全く触れずに、取調べ及び供述調書への過度の依存からの脱却と多様な証拠収集手段を確立するために必要な手段と断定したのである。

特に、対象犯罪の拡大について（政府原案と現行法及び改正法案における対象犯罪については、資料12を参照）は、法務省という一行政機関の思い上がりが現れている。そこでは、次のように主張している。

現行通信傍受法は、国会審議の結果、当初の政府原案と対比して大幅に対象犯罪が絞り込まれ、大別して、薬物犯罪、銃器犯罪、組織的な殺人及び集団密航の４類型に限定されて成立するに至った。このような限定の背景には、通信傍受が新たに法制化される制度であったため、その活用に慎重を期して特に当時その捜査手法が必要不可欠と考えられた犯罪類型に限定するとの考え方があったものと理解される。

これは、思い上がりも甚だしい文章である。法務省原案や政府原案は、国会で否決されたものである。否決されたということは、それらが法律の内容としてふさわしくないことが宣告されたのである。それにもかかわらず、まずそれに拘泥する姿勢は、国権の最高機関である国会の権威をないがしろにするものであり、断固として許すことはできない。

このような基本姿勢は、特別部会の中でも主張され、法務省の主張を真っ向から否定しなければならなかったが、現実はそうとは進まなかった。反論もできない、法務省に飼いならされた委員・幹事は、何等の意見表明もしなかったのである。

この基本構想に対して、特別部会のすべての委員が賛成した。人権を守るべき立場の代表格である日弁連、さらには民主的と思われていた学者や有識者は、何を考えているのであろうか。彼らは、どのような歴史認識をもっているのであろうか。立法当時に関する知識を有しているならば、これには簡単に反論できるであろう。その意味では、彼らの見識を疑わざるを得ない。このような独善的な文章の挿入に気付かず、何等の議論もせずに、文章そのままを容認してしまったことは、通信盗聴制度に関する委員・幹事の姿勢そのものが今後問われることになるであろう。

対象犯罪を拡大すべき要因として、携帯電話の普及と振り込め詐欺のような犯罪の社会問題化を挙げ、「通信傍受は、これらの犯罪を解明するに当たっての極めて有効な手法となり得ることから、通信傍受の対象犯罪を拡大して、振り込め詐欺や組織窃盗など、通信傍受の必要性・有用性が高い犯罪をも含むものとすることについて、具体的な検討を行う。」という（基本構想にあらわれた盗聴法改悪の原案については、資料7参照）。

現行通信盗聴法が成立したのは1999年8月のことである。それから14年後の今、携帯電話を取り巻く状況はそんなにも変化したのであろうか。電話を利用した犯罪はそんなにも増加したのであろうか。事情に、それほど大きな変化は見られないと思う。にもかかわらず、警察のメンツをかけた反撃が始められ、特別部会はそれを容認したのである。特別部会でのその後の審議は、この「基本構想」をバイブルとして進行することになり、すべての疑問は抹殺されることとなった。

2. 法制審特別部会における日弁連の改悪容認

ではこの特別部会における審議はどのようなものだったのか。第19回特別部会の会議に先立つ第18回会議（2013年1月18日）では、事務当局試案が提示され、多方面からの議論が活発に展開された。その会議を受け、修正意見を有する委員は、それぞれの見解を紙面にして事務当局に提出することとされた。数人の委員がそれに応じて意見を提出している。その中には、日弁連推薦委員も入っている。彼は、その中で盗聴の拡大を容認してしまった（資料8及び9参照）。

そこで示されたのは、次のものである。

通信傍受が、憲法が保障する通信の秘密やプライバシーを侵害する捜査手法であることから、対象犯罪の拡大や実施要件の緩和には、特別の配慮が必要であるとの指摘を踏まえつつ、以下のとおり通信傍受法を改正することについてその採否も含めて具体的な検討を行う。

○　通信傍受の対象犯罪を拡大し、振り込め詐欺や組織窃盗を含め、通信傍受が必要かつ有用な犯罪において活用できるものとする。

○　暗号等の技術的措置を活用することにより、立会いや封印等の手続を合理化する。

○　該当性判断のための傍受の方法として、全ての通信を一旦記録しておき、事後的にスポット傍受の方法による必要最小限度の範囲の聴取を行うことも可能な仕組みとする。

○　捜査機関から独立した第三者によって構成される監視機関が、捜査機関による傍受の状況、傍受装置及び傍受した通信の記録等を監視・検査し、違法な傍受が行われたことを発見した場合には、告発等の処分をする制度を創設する。

この文章においては、すでに対象犯罪の拡大を容認しているのである。それも、振り込め詐欺や組織窃盗に限定するのではなく、「通信傍受が必要かつ有用な犯罪において活用できるものとする」と提案し、警察が「必要かつ有用な犯罪」と認定した場合には更なる拡大も認めてしまったのである。あろうことか、立会制度の廃止をも容認してしまった。

この意見については、同年1月29日に開催された第19回会議で提案され、了承された基本構想の提案説明の中で、最初の文章を引用し、そのような意見があったと紹介した上で、「これまでの御議論の状況や現在検討対象となっている3点が、いずれも現行通信傍受法における傍受の実施の適正担保の要請を緩和するものとは必ずしも考えられないことに照らしまして、御意見をそのまま反映する形は採りませんでした」と述べている（資料9参照）。

第19回会議において、修正意見を提出した当該の委員はこの説明について反論もしていないことから見ても明らかなように、通信盗聴拡大の方針は、この会議で決定を見たのである。その後設置された分科会で、日弁連は、自分たちが一度認めてしまったことを忘れ、この議論を再度提案しようとしているが、その都度反論されてしまった。

このことは、修正意見を提出した委員個人の問題ではない。意見を提出した委員は日弁連からの推薦で選出された委員なので、その意見については、日弁連のバックアップがあるはずである。つまり、日弁連の意見そのものとみなしてもかまわないであろう。

3. 後退を重ねた日弁連執行部

ところで、日弁連執行部は、18回会議の前日（1月17日)、「新たな刑事司法制度の構築に関する意見書(その4)」を発表した。そこでは、この通信盗聴について、次のように述べている。

「通信傍受は、憲法が保障する通信の秘密を侵害し、ひいては、個人のプライバシーを侵害する捜査手法である。それゆえ、通信傍受が憲法上許容されるのは、『重大な犯罪』について、捜査上『真にやむを得ない』と認められる場合に限られている（最高裁判所平成11年12月16日決定)。このことを踏まえると、通信傍受の対象犯罪は限定的謙抑的であるべきであり、通信傍受法施行以降の運用状況についても、慎重な検討が加えられなければならない。専ら捜査上の有用性の観点から、安易に通信傍受の対象犯罪を拡大することは、許されないというべきである。」

この「意見書（その4)」での方針は、「通信傍受の対象犯罪は限定的謙抑的であるべき」であり、「安易に通信傍受の対象犯罪を拡大することは、許されない」という抽象的なものであった。この方針の下で、それを具体化したものが21日に特別部会に提出された文書である。したがって、「限定的謙抑的」に考えた場合に拡大される犯罪は、「振り込め詐欺や組織窃盗を含め、通信傍受が必要かつ有用な犯罪」であることになる。これらの罪へ対象犯罪を拡大することは、「安易に」拡大したことにはならないのであろうか。

このように重大な問題の残る答申に依拠した「刑事訴訟法等一部改正案」に対して、日弁連執行部は、2015年10月19日に開催された第66回日弁連定期総会において、「刑事司法改革については、昨年7月に法制審議会の新時代の刑事司法制度特別部会が全会一致で取りまとめを行い、9月に法制審議会から法務大臣に答申された。これは、一定事件の全過程の取調べの録音・録画の義務付け、国選弁護制度の対象拡大、証拠開示の拡大等を内容とするが、通信傍受の対象犯罪の拡大と捜査手法の拡充をも含むものであった。そのため、特別部会での議論の最終段階に当たる昨年４月、６月の理事会で集中して討議を重ね、日弁連としての基本方針を決定した上で、日弁連推薦委員は、最終的な取りまとめ案に賛成した。法制審議会の答申に基づき、刑事訴訟法等の改正案が今国会に上程され、現在衆議院で審議されているが、日弁連は刑事司法改革が一歩前進したことを評価し、同法案の速やかな成立を求める会長声明を、本年３月18日付け及び５月22日付けでそれぞれ公表した。」と報告し、会員の理解を求めた。

ところで、日弁連は、現行盗聴法が制定されようとしているとき、どのような態度をとっていたのであろうか。

この問題について、日弁連は、今まで三回の会長声明と一回の意見書を発表している。会長声明としては、1998年３月13日、1999年５月14日及び1999年８月12日の三回であり、いずれも、問題点を指摘した上で「遺憾である」と結論付けている。意見書は、1997年５月２日に出されたもので、「上記の問題点を有する『令状による通信の傍受』には反対である。」と明白に述べている。

このことは非常に重大であり、その後の日弁連の態度を決定することとなったのであるが、バイブル性のある基本構想に賛成したということは、その後の議論を制約するものとなった。もはや、盗聴の拡大や立会の廃止に反対する意見も黙殺されることになったのである。

このような日弁連の態度を反映してか、通信盗聴法をめぐる議論は、導入に際しての技術的問題は別にして、低調を極め、有識者からも反対の意見は出なかった。

４．消えることのない「室内盗聴」

また、基本構想には、室内盗聴（会話傍受）の導入も容認されていた。すなわち、「会話傍受については、①振り込め詐欺の拠点となっている事務所等、②対立抗争等の場合における暴力団事務所や暴力団幹部の使用車両、③コントロールド・デリバリーが実施される場合における配送物の３つの場面を念頭に置き、指摘される懸念をも踏まえて、その採否も含めた具体的な検討を行う。」とされていたことは、室内盗聴の導入に向けた体制が整っていることを意味している。

この室内盗聴については、2014年２月14日開催の第23回会議で、「考えられる制度の概要」として、次のような提起がなされた。

１ ①から③までの各場面を対象として、捜査機関が傍受機器を設置し、犯罪の実行に関連した会話等を傍受することができるものとする。
① 振り込め詐欺の拠点となっている事務所等
② 対立抗争等の場合における暴力団事務所や暴力団幹部の使用車両
③ コントロールド・デリバリーが実施される場合における配送物

最終的には、この室内盗聴の採用は見送られたが、またいつ提起されてもおかしくない状況が続いている。2014年７月９日に開催された第30回会議で、「新たな刑事司法制度の構築についての調査審議の結果【案】」が委員の全員一致で採択された。その「第４　今後の課題」（資料10参照）の中に、次の文章が挿入されている。

刑事司法制度を取り巻く情勢等は常に変化していくのであり、刑事司法制度が「時代に即した」ものであり続けるためには、今後、他の新たな制度の導入についても検討がなされることが必要とされよう。例えば、特別部会で相当程度具体的な検討を行ったものの、「要綱（骨子）」には掲げられていない事項のうち、犯罪事実の解明による刑の減軽制度や被告人の証人適格などについては、引き続き検討を行うことが考えられるであろうし、また、以下に掲げるものについては、今後、必要に応じて、更に検討を行うことが考えられよう。
○　会話傍受については、振り込め詐欺や暴力団犯罪の捜査、あるいは、コントロールド・デリバリーの手法による薬物銃器犯罪の捜査の際に、共謀状況や犯意に関する証拠を収集する上で必要であり、理論的にも制度化は可能であるとの意見があった一方で、通信傍受以上に個人のプライバシーを侵害する危険性が大きく、場面を限ったとしてもなお捜査手法として認めるべきでないとして制度化自体に反対する意見があったところである。

室内盗聴（会話傍受）については、すべての審議は終了しているが、今回の答申では見送られた。しかし、今後の課題として残され、「刑事司法制度を取り巻く情勢」が必要とする場合には、「さらに検討を行う」とされたことについては、十分に監視を続けなければならない。

第5章　頼りにならない日弁連執行部

1999年の通信盗聴法制定当時は反対運動の先頭に立っていた日弁連執行部が、この特別部会の審議では、なぜこのような弱気の姿勢をとったのであろうか。

「時代に即した新たな時代の刑事司法制度の基本構想」が提案され、日弁連はこの案に賛成した。前述したように、この段階で日弁連は、通信盗聴における対象犯罪の拡大と立会の廃止には賛成してしまったのである。したがって、その後のいかなる屁理屈をつけた説明も説得力のないものとなってしまった。

このような弱気になった姿を解明するためにも、過去の日弁連の態度を考えてみる必要がある。

そこで、1997年以降、現行通信盗聴法の制定が話題に上った以降の日弁連会長声明と意見書で、当時の日弁連の態度を明らかにしよう。

1．明確な反対表明と総括なき変節

1998年3月13日付の会長声明は、「『犯罪捜査のための通信傍受に関する法律案』については、通信の秘密の不可侵、プライバシーの保護及び適正手続の保障など憲法上の刑事諸原則の要請を未だ満たしているとは認め難い上記整備要綱骨子の内容のまま提案されたことは極めて遺憾である。」と述べ、1999年5月14日付の会長声明は、「検討中と伝えられている修正内容は、通信傍受の対象犯罪を薬物犯罪、銃器犯罪などに限定するとされているが、当連合会が意見書で指摘したように、組織的犯罪に限定されていないばかりか、まだ発生していない将来犯罪や令状に記載されていない別件事件の傍受も認めている。また、犯罪と関係する会話かどうかを識別する該当性判断の傍受についても、必要な最小限度の範囲に限るべきであるのにその手続が示されていない。」として、憂慮の念を表明した。1999年8月12日の会長声明は、「当連合会は、これまで定期総会決議及び意見書において、本法案のもとになった法務省の参考試案及び法律案要綱に対して、多岐にわたる問題点を指摘するとともに、法案が国会に提出されてからも、通信の秘密の不可侵、プライバシーの保護及び適正手続きの保障など憲法上の疑義、刑事法制上の問題点や立法の当否について十分な審議を尽くすよう求めてきた。しかしながら、法案に対して懸念を示す多くの世論があるにもかかわらず、国会において、参議院法務委員会での強行採決を容認したまま、可決したことはきわめて遺憾である。」と述べている。

さらに、1997年5月2日の「意見書」では、次のように述べている。

参考試案は、通信傍受の対象犯罪を組織的犯罪に限定せず、通信傍受を将来発生する犯罪にまで広げ、コンピュータ通信をも傍受対象に加え、別件傍受、通信相手の探知を安易に認め、被傍受者への通知、不服申立て等の事後措置が十分でないなど多くの問題点を有している。

また簡易裁判所の裁判官を、令状を発する裁判官に加え、令状請求権者に司法警察員を認める点で令状の発付を厳格にし、限定する姿勢に欠けている。

国会への報告制度といった国民が通信傍受を監視するシステムも欠如している。

参考試案における「通信内容の特定」、補充性の要件等は不十分であり、アメリカ合衆国のマニュアルの最小化手続の法律・規則化、令状に被疑事実等を記載する等の規定もみられない。

通信の傍受が通信の秘密、言論の自由、プライバシーを侵害する重大な権利侵害行為であることからして、通信の傍受の一般禁止、令状違反の捜査官への重い刑は必須であるが、こうしたことへの配慮が参考試案にはない。

よって上記の問題点を有する「令状による通信の傍受」には反対で

ある。

これほど明白な反対意見はないであろう。これほどまでに反対していた通信盗聴法に、日弁連は、今回なぜ賛成したのであろうか。

それについては、安易に結論は出せないが、司法改革の中で、日弁連が政府に取り込まれ、法案に反対するのではなく、法案や政策を共同で立案する方向に転じたことに由来しているとみることができるであろう。

かつてあれほどまでに批判していた通信盗聴法に賛成するからには、それなりの理由が必要である。つまり、過去の立場の総括である。しかし、日弁連において、このような立場からの指摘はなされていない。日弁連には、過去の総括を求め、なぜ賛成に転じたかを説明してもらいたい。

2015年の3月13日、18の弁護士会会長は、政府の法案閣議決定を受けて、共同声明を発表した（資料11参照）。これなどは、日弁連執行部の態度に対して、弁護士個人としては多くの疑問を持っていることの表れであろう。

2. 2016年日弁連会長選挙

2016年は、日弁連にとって会長選挙の年である。2月5日に行われた会長選挙の結果は、次の通りであった。

選挙人総数	37,374
投票総数	17,645
投票率	47.21%
中本　和洋	12,303
高山　俊吉	4,927

この選挙結果をどのように見たらよいのであろうか。主流派の推す候補者が何の波乱もなく当選したという事実だけが残った。

会長選挙に立候補した二人の候補者について、2016年1月6日の朝日新聞は「取り調べの録音・録画を柱とする刑事司法改革に対しては、中本氏は関連法案の今国会での成立を推進する立場。高山氏は通信傍受の対象犯罪の拡大が法案に盛り込まれていることなどから、法制化に反対している。」紹介された候補者の一人であり、当選した中本弁護士は、昨年８月に、「『希望と活力にあふれる司法を創る会』政策委員会」の名において政策を発表していた。その中に事実誤認であり、先走った政策があるので紹介する。

それは、刑事訴訟法等の改正法案は、現在参議院で継続審議とされているにもかかわらず、すでに改正法案が成立したことを前提に書かれている。

……………………………………………………………………………

えん罪を生まない刑事裁判と努力が報われる
刑事弁護制度を実現する

今般の刑事訴訟法の改正は、日弁連が実現を目ざしてきた取調べの可視化を一部ではあるが法制化し、また、被疑者国選の拡充、証拠一覧表の交付制度新設など、刑事司法改革に**一定の成果があったと**いえる。

しかし、**いわゆる「司法取引」が新設され、通信傍受法の適用が拡大される**など、被疑者・被告人のみならず、一般市民の人権にも関わる問題をはらんでいる。

えん罪を生まない刑事裁判と努力が報われる刑事弁護制度を実現するために取り組みの力を緩めてはならない。

1. 裁判員裁判制度のさらなる改革

裁判員裁判制度が定着するに伴い、裁判官裁判においても供述調書に頼らない被告人質問先行型の口頭主義・直接主義の公判が実現しつつあることは、刑事司法改革の成果のひとつといえる。

施行後５年を経過し、見直しが行われている裁判員裁判制度については、否認事件への対象事件拡大、事実認定と量刑の分離、死刑判決要件の厳格化などに取り組むべきである。

2. 努力が報われる国選弁護制度

今般の刑事訴訟法の改正により、勾留されたすべての被疑者に被疑者国選弁護人制度が拡充される。弁護士会の受任体制をより万全のものにしなければならない。最大の問題は、少年事件を含む国選刑事弁護活動の大半が、若手会員による採算を度外視した献身的努力によって支えられている実態である。しかも、現行報酬基準では、弁護活動の成果が正当に評価されず、内容にかかわらず接見回数を増やすほど報酬が高く算定されるなどの不合理が指摘されている。報酬の高額化と報酬基準の改正を早急に実現し、努力が報われる国選弁護制度の実現に取り組む必要がある。

3. 取調べの全過程の可視化及び弁護人立会権の実現

取調べの可視化は、限定的な実施にとどまった。しかし、法改正の過程で最高検察庁が発した依命通知による可視化対象事件の拡大でも明らかなとおり、風穴のあいた可視化の全面的実施は歴史的すう勢である。3年後の見直しに向け、参考人を含む全過程の可視化及び弁護人立会権を実現させるための取り組みをさらに強化する必要がある。

4.「人質司法」を打破する勾留代替制度

今般の改正刑事訴訟法においては、「人質司法」の実態は放置されたままである。わが国の勾留制度は、国連拷問禁止委員会による代用監獄制度廃止勧告に何ら答えていない。**改正法**は、わずかに裁量保釈における考慮事項を明文化したに留まっており、極めて不十分であり、勾留代替制度の創設に向け働きかけを強化すべきである。

5. いわゆる「司法取引」制度への対策

改正刑事訴訟法では、一定の犯罪を対象とした「捜査・公判協力型協議・合意制度」及び「刑事免責制度」(いわゆる「司法取引」)が**新設された**。可視化が限定的でかつ旧態依然とした勾留制度のもとでの司法取引は、虚偽供述や引込み供述を増加させるなどの弊害が予想される。新制度の危険性を関係者に周知するとともに、抜本的見直しを求めるべきである。

6. 全面証拠開示の実現

改正刑事訴訟法は、検察官手持ち証拠リスト開示を**義務化したが**、より直截に全面証拠開示が実現されるべきである。

また、再審請求審においても、**修正された附則や衆議院の附帯決議の趣旨を推し進め**、通常審の証拠開示規定が準用される制度を追求すべきである。

7. 通信傍受法の適用拡大への対策

刑事訴訟法の改正に際し、通信傍受の対象が一般刑事事件にまで拡大され、傍受手続も簡略化された。通信傍受は、個人のプライバシーを侵害する捜査手段であり、制度の濫用による人権侵害が懸念される。新制度の運用を厳しく監視し、第三者機関の設置要求も検討する必要がある。

……………………………………………………………………………

以上の文章は、中本候補者のホームページに書かれたそのままの言葉である（このホームページは、会長選挙の終了と同時に閉鎖され、今ではアクセスできない）。この中で特にゴシックにしたところを読めば、刑事訴訟法等改正法案はすでに成立してしまったことが前提とされていることは明瞭である。このように、国会審議の様子すら理解できない人が果たして法律の専門家である弁護士の統一団体である日弁連の会長にふさわしい人と言えるのであろうか。

このような人を会長にするために投票した弁護士は、どのような人なのであろうか。派閥の流れに逆らえない人たちなのか、何も考えずに、主流派に投票すればよいと考えていた人たちなのであろうか。今までも、またこれからも、盗聴を拡大し、司法取引を導入する刑事訴訟法等改正案に反対する弁護士の人たちはだれに投票したのであろうか。これだけの差がつくということは、この法案に反対する人たちも主流派に投票しているのであろう。悲しい現実である。せめて、棄権してもらいたかったものだ。

このような日弁連執行部の態度とは別に、最近になっても、単位弁護士会での反対声明が出されている。3月24日には、横浜弁護士会が会長声明を出した（資料11-2参照）。

第6章　通信盗聴改悪法案の問題点

1．対象犯罪の拡大

1999年当時の政府原案と現行法及び今回の通信盗聴対象犯罪の拡大を比較してみると、資料12の通りであり、現行法の対象犯罪は、すべて組織犯罪である。

これに対し、法案では、新たに詐欺罪や窃盗罪のような九つの類型の犯罪を対象として含めたが､従来の4類型の犯罪が消えるわけではない。したがって、通信盗聴対象犯罪は、13類型になる。

この対象犯罪の相違から、組織犯罪と刑法犯を区別しなければならない。そこで、法案では、従来の4類型を別表第一とし、新たに拡大したもの（一般刑法犯）を別表第二とすることとした。

ここからも明らかなように、新たに加えられたものは、すべて一般犯罪であり、刑法犯である。これは、何を意味しているのであろうか。その特徴は、次の四点で表されるであろう。

① 従来型の別表第一の犯罪は、暴力団が行う犯罪や組織犯罪に限定されていたこと。

② 法案での別表第二の犯罪は刑法犯であり、組織の関与は全くないものであること。

③ したがって、盗聴対象犯罪からは、犯罪の特徴をつかむことは不可能になったこと。

④ 今後の拡大への道が開かれたこと。

組織犯罪から一般犯罪へと拡大したということは、組織犯罪にしか適用できなかった捜査方法を、誰でもが行い得る一般刑法犯に適用しようということである。一度開かれた門は、もはや閉じられることはない。警察は、一度手にした捜査方法を絶対に手放さないであろう。警察が捜査の必要上必要であるといえば、もはや一般刑法犯内部の問題なので、大きな問題にならずに認められてしまうであろう。このような特徴は、今後、警察の判断でどのような犯罪に対しても盗聴の道を開くことができるようになったことを意味している。

かつて麻薬特例法の制定により、捜査手法として、コントロールド・デリバリー（監視付き配達）が認められた。それは、本来、麻薬の取締に関する特例として認められたものであったが、そのような手法を手にした警察は、その手法を銃刀法にも拡大し、その取締方法として、コントロールド・デリバリーを導入した。

このような例からも明らかなように、警察は、一度手にした捜査手段を放棄することなく、より一層の拡大を図ろうとする。その傾向は、通信盗聴対象犯罪の拡大においても変わることはないであろう。

2．通信盗聴の要件について

現行通信盗聴法には、実体要件として、嫌疑の充分性と共謀要件が必要であることはすでに述べた。この嫌疑の充分性については変わることがないが、共謀要件については、大きな変化が生じている。

そこで、盗聴の要件を比較検討してみよう（資料13参照）。

従来型の盗聴要件（別表第一の犯罪）では、次の三点が必要である。すなわち、

1) 罪が犯されたと疑うに足りる十分な理由の存在
2) 数人の共謀によるものであると疑うに足りる状況の存在
3) 補充性の要件

であった。

これに対して、新たに拡大された犯罪の盗聴要件としては、従来型に加えて、次の要件を必要としている。

4) 当該犯罪があらかじめ定められた役割の分担に従って行動する人の結合体により行われたと疑うに足りる状況があるとき

ここで、参考として、組織的犯罪処罰法における組織の定義（2条）

を見ておこう。ここでは、次のように規定している。
「この法律において『団体』とは、共同の目的を有する多数人の継続的結合体であって、その目的又は意思を実現する行為の全部又は一部が組織（指揮命令に基づき、あらかじめ定められた任務の分担に従って構成員が一体として行動する人の結合体をいう。以下同じ。）により反復して行われるものをいう。」

ここで大切なことは、組織は、「指揮命令に基づき、あらかじめ定められた任務の分担に従って構成員が一体として行動する人の結合体」とされていることである。

そこで、両者を比較してみよう。そこには、顕著な相違が存在している。

1 組織的犯罪処罰法では「指揮命令に基づき」が要件であるが、法案では存在しない。
2 組織的犯罪処罰法では「構成員が一体として行動する」とされているが、法案では、一体性が削除され、単に「行動する」とされた。

では、その相違の持つ意味は、どこにあるのであろうか。

組織的犯罪処罰法では、大枠としての団体の存在が前提であり、その中の組織が問題とされているが、法案では、団体の要件がないので、単なる人の集まりでもそれが組織と認定されれば、法案の要件に当てはまることになる。

さらに、指揮命令が必要ではなく、一体性も必要ではない。数人が共謀する場合には、それぞれの役割分担も取り決められるので、共謀には当然のように「役割の分担」も含まれている。したがって、本文に規定されている要件の「数人の共謀」さえあれば、法案で提起された「組織性の要件」（但し書）を満たすことになる。

対象犯罪が一般犯罪に拡大されたことと相まって、このような要件は何らの限定にもならない。

3. 盗聴手続きの緩和

これについて、最終答申は、「新たな傍受の実施方法として、イ、傍受の実施をしている間に行われる通信について、通信事業者等が、暗号化した上で、電気通信回線を通じて捜査機関の施設に設置された特定装置に伝送し、ロ、検察官又は司法警察員が、特定装置を用いて、イにより伝送された通信を即時に復号化して、現行規定による傍受の場合と同一の範囲内で傍受をし、ハ、ロの傍受の際、特定装置の機能により、傍受した通信及び傍受の経過を記録媒体に自動的に記録し、当該記録を即時に暗号化してその改変を防止するという方法を導入し、この方法により傍受を実施するときは、通信事業者等による立会い（通信傍受法第12条第1項）及び記録媒体の封印（通信傍受法第20条第1項）を要しないものとする。」とした。

これは、従来の立会いを廃止し、生の声を聴くのではなく、録音されたものを一度に聞こうとするものであり、当局の言う合理化である。

しかし、これに対して、本当に機械に任せて大丈夫なのであろうか。そこに、警察の不正が加わる要素は絶対にないのであろうか。

通信事業者から暗号を用いて送られてきた通信を警察施設で復号化し、それを聞く場合、何らかの方法で、警察施設内で聞くものとは別に、録音することは不可能なのであろうか。聞いた部分と聞かなかった部分は明らかになるという説明である。

法案23条2項は、立会の廃止に伴い、特定電子計算機が持たなければならない機能を定めている（資料14参照）。

1　伝送された暗号化信号について一時的保存の処理を行う機能（一時的保存処理機能）
2　伝送された暗号化信号について復号の処理を行う機能（復号処理機能）
3　前項第一号の規定による傍受をした通信にあってはその傍受と同時に、第四項の規定による再生をした通信にあってはその再生と同時に、全て、自動的に、暗号化の処理をして記録媒体に記録する機能（自動的記録媒体記録機能）
4　傍受の実施をしている間における通話の開始及び終了の年月日

時、前項第一号の規定による傍受をした通信の開始及び終了の年月日時、第四項の規定による再生をした通信の開始及び終了の年月日時その他政令で定める事項に関する情報を伝達する原信号を作成し、当該原信号について、自動的に、暗号化の処理をして前号の記録媒体に記録する機能（通話の開始日時等の情報の原信号化と暗号化した上での記録機能）

5 第三号の記録媒体に記録される同号の通信及び前号の原信号について、前二号に掲げる機能により当該記録媒体に記録するのと同時に、暗号化の処理をすることなく他の記録媒体に記録する機能（暗号化をすることなく、記録する機能）

6 入力された対応変換符号（第九条第二号ロの規定により提供されたものに限る。）が第二号に規定する復号以外の処理に用いられることを防止する機能（復号以外での使用防止機能）

7 入力された変換符号（第九条第二号ロの規定により提供されたものに限る。）が第三号及び第四号に規定する暗号化以外の処理に用いられることを防止する機能（暗号化以外使用処理防止機能）

8 第一号に規定する一時的保存をされた暗号化信号について、第二号に規定する復号をした時に、全て、自動的に消去する機能（自動的消去機能）

なお、ここで出てくる第九条第二号イとは裁判所職員による「暗号化に用いる変換符号を作成し、これを通信管理者等に提供すること」を指し、ロとは裁判所職員による「暗号化に用いる変換符号を作成し、これらを検察官又は司法警察員が傍受の実施に用いるものとして指定した特定電子計算機以外の機器において用いることができないようにするための技術的措置を講じた上で、これらを検察官又は司法警察員に提供すること」を指している。

特定電子計算機は、これら八つのすべての機能を有していなければならない。果たしてこのような機能をすべて有するコンピュータは存在するのであろうか。それには、システムを開発しなければならないといわれる。

しかし、科学の時代の中であっても、ここで開発されるであろう電子計算機に絶対的信用性があるとは限らない。何らかの疑念がある場合には、このような措置を提案した警察がその懸念を払しょくする義務がある。

私たちは、今まで警察が信用できないということをしばしば味わってきた。いまだ、警察を信用せよというのみで、不正が起こらないことの根拠は示されていない。

4．デロイト・トーマツ・コンサルティング株式会社による検証

警察は、法制審議会特別部会での審議が終了し、最終答申案が採択された（2014年7月9日）後の8月29日、警察提案の妥当性についての検証をデロイト・トーマツ・コンサルティング株式会社（以下、デロイト社という）に依頼していた（最終答申案が法制審議会総会で採択されたのは、9月18日であり、まだ結論が出ていない段階での見切り発車であった。果たして、このような業務委託契約は許されるのであろうか。ぜひ国会で問題としてもらいたいものである。）。その報告書が、2016年6月17日に実施された衆議院法務委員会での視察の際に委員・幹事に配布された。

その「調査研究の目的」によれば、特別部会での「審議においては、通信傍受法の改正に関し、立会い、封印等の手続の合理化、該当性判断のための傍受の合理化等が検討されています。この法改正には合理化・効率化と同時に実施の適正性を担保する技術的措置が必須となることから、貴庁においては当該技術的措置について検討を行っています。」とし、本調査研究は、「第三者の立場から、広い範囲からの技術の選別、比較及び当該技術措置の実現可能性の明確化」を行うものだという。

まず最初に、情報セキュリティの脅威を「人為的脅威」と「環境的脅威」に分類し、この警察提案措置では、人為的脅威のみが問題になるという。その人為的脅威には、盗聴、情報の改ざん、システムのハッキング、悪意のあるコード、盗難という「意図的脅威」と誤り及び手抜かり、

ファイルの削除、不正な経路、物理的事故という「偶発的脅威」が存在するとする。

その上で､通信傍受手続を取り巻く脅威の主体（アクター）を列挙し、それらの脅威に対する対処の方法が検討されている。

次の表は、想定すべきアクターに関するものである。

＃	アクター	アクターの性質	意図的脅威	偶発的脅威	考え方
1	警察庁	対処すべきリスクを発現させ、偶発的脅威に加え、意図的脅威を引き起こし得る存在と仮定	○	○	警察等の捜査機関による不正な情報の取得や原記録の作成ができないシステムを構築することが必要
2	都道府県警察		○	○	
3	検察庁		○	○	
4	裁判所	作業ミス等により偶発的な脅威を引き起こす可能性を有する存在と仮定	—	○	意図的脅威を引き起こす動機を有しておらず、作業ミス等の偶発的な脅威の主体と想定
5	通信当事者		—	○	
6	サービス提供事業者		—	○	
7	通信当事者・被疑者・犯罪組織	通信傍受内容を摂取・漏洩する可能性を有する存在と仮定	△	△	通信傍受のいずれのプロセスにおいても直接的行為者ではなく、通信網を通じてのみ限定的な脅威を発現させうる
8	一般大衆		△	△	

○：脅威として認識
△：限定的な脅威として認識
—：脅威として認識しない

この調査においても、通信盗聴で脅威を与える主体は、警察組織であり、検察組織であることが認識されていたことは非常に重要である。つまり、監視行動を行わなければ、警察は何をするかわからない存在だということを示しているのである。そこで対策として、「警察等の捜査機関による不正な情報の取得や原記録の作成ができないシステムを構築することが必要」と述べていることは、警察は信用できず、何をするかわからないという市民感覚と一緒である。

デロイト社による検証において、警察が脅威の主体とならないようなシステムは構築できるのであろうか。その検討が、検証の課題であり、その個別的検討を加えたものが資料 15 である。

そこでは、警察提案措置による技術的対策として14の項目が上げられている。その項目と詳細を表にすると次の通りである。

＃	警察提案措置による技術的対策	詳細
1	推測が困難な鍵の生成	鍵生成装置は、鍵を作成し、3つの鍵媒体に保存する。
2	鍵媒体の耐タンパ性	耐タンパ性を持つ。
3	正規装置以外で動作しない鍵	鍵生成装置でしか書き込めず、送信装置、受信装置、原記録再生装置でしか読み込めない。
4	送信装置から受信装置の真正性を確認	送信装置を用いて、これから接続する受信装置が真正な装置であることを確認する。
5	送信装置において受信装置の設定を表示	送信装置を用いて、これから接続する受信装置の装置名、設定されたスポット傍受の時間、傍受可能期間、設定された令状番号を表示する。
6	鍵を用いて暗号化して送信装置から受信装置に送信	装置に挿入した鍵媒体に保存された鍵を用いて暗号化した上で送信する。
7	送信装置、受信装置における自動処理	受信装置は以下の処理を自動的に行う。 ・暗号化された通信を受信して、挿入した鍵媒体に保存された鍵を用いて、当該通信を復号する。 ・復号された通信をスポット傍受の設定に従って、音声として再生するとともに、再生した通信は、挿入された鍵媒体に保存された鍵を用いて暗号化した上で原記録媒体に自動的に記録する。同内容を、暗号化せずに傍受記録作成用媒体に自動的に記録する。
8	受信装置の鍵を挿入している間のみの動作	受信装置は鍵媒体が挿入された状態でしか動作しない。
9	原記録再生装置において鍵を用いて復号、再生	原記録再生装置は、挿入された鍵媒体に保存された鍵を用いて、原記録に記録されている通信や、ログを再生する。
10	送信装置、受信装置の改ざん防止	送信装置、受信装置（及び原記録再生装置）の改ざんを防止する。
11	送信装置、受信装置の制限	送信装置、受信装置は以下に例示する機能を有する。 ・ハードディスクの暗号化 ・ソフトウェアインストール・動作制限 ・装置に対するマルウェア及びウイルス対策
12	送信装置、受信装置、原記録再生装置等が仕様書通りであることの確認	送信装置、受信装置、原記録再生装置等が仕様書通りであることを確認する。
13	論理的に独立した通信網	送信装置、受信装置をつなぐ通信回線は、専用線又は警察回線を用いる。（外部との接続はしないものとする）
14	傍受記録作成等装置による傍受記録の再生、編集等	傍受記録再生等装置は、傍受記録作成用媒体を再生、編集等する。

ここで上げられている14の項目は、非常に網羅的なものである。これに追加すべきことを思い浮かべることはできないであろう。

そこで、これらを少し詳細に検討してみよう。

警察や検察という捜査機関が法律で定められた以上の情報を取得するリスクや適正に作成された原記録とは異なるもの(要するに虚偽記録)を裁判所に提出するリスク、また、捜査機関や裁判所、通信網などを通じての情報漏洩があってはならないということが前提とされている。

そこで、必要なことは、警察等の捜査機関による不正な情報の取得と原記録の作成ができず、裁判所や通信事業者などが作業ミスによって情報の漏洩などを引き起こさず、ハッキングなどで通信内容が傍受されたり漏洩したりしないシステムの構築をしなければいけないということになる。

そのために、デロイト社の検証では、かなり高機能なソフトを作りこまなくてはならないとされている。資料15では、取り上げられた14項目のうち、新たなソフトウェアの作り込みで対応しようとするものが、6項目にわたっている。すなわち、①推測が困難な鍵の生成、⑤送信装置において受信装置の設定を表示、⑦送信装置、受信装置における自動処理、⑧受信装置の鍵を挿入している間のみの動作、⑨原記録作成装置において鍵を用いて復号、再生、⑫傍受記録作成等装置による傍受記録の再生、編集等である。

デロイト社の検証は、そのソフトに必要な機能や条件などを14項目にわたってリスト化しているのだが、その大半が、この改正通信盗聴法案には反映されていない。その詳細については、資料15で改正通信盗聴法案における特定電子計算機の機能（23条2項）と比較検討しているので、ぜひ参照されたい。

デロイト社が提案しているレベルのソフトとハードには、「市販製品では実現できないソフトウェアの作り込みに要する費用」として、その経費が10億から30億円になると見積もられている。具体的に必要とされているソフトウェアは、①鍵生成ソフト、②傍受ソフト、③改ざん探知ソフト、④原記録再生ソフト、⑤傍受記録再生等ソフトである。このようなソフトの開発やその可能性、さらにはその経費については、まともに議論もされなかった。そこで指摘された５つのソフトウェアの詳細は、次の表のとおりである。

製品種別	対象装置	内容
鍵生成ソフト（仮称）	鍵生成装置	装置の認証に利用する公開鍵と秘密鍵ペアを作成する。
		通信に利用する鍵を生成し、装置の認証に利用する鍵で暗号化する。
		暗号化した通信（もしくは原記録暗号化）に利用する鍵を３つの鍵媒体にそれぞれ保存する。
		装置の認証に利用する秘密鍵及び（バックアップを目的として）通信に利用する鍵を管理する。
傍受ソフト（仮称）	送信装置	鍵媒体に保存した鍵を送信装置のハードディスクに格納する。
		格納した鍵を復号し、装置の認証を行うと同時に、通信装置暗号化鍵を取得する。
		これから接続する受信装置の装置名を表示する。
		設定されたスポット傍受の時間を表示する。
		設定された傍受可能時間を表示する。
		設定された令状番号を表示する。
		通信暗号化鍵を用いてデータを暗号化する。
		暗号化したデータを受信装置に送信する。
	受信装置	鍵媒体に保存した鍵を受信装置のハードディスクに格納する。
		格納した鍵を復号し、装置の認証を行うと同時に、通信復号鍵を取得する。
		暗号化された通信を受信する。
		通信復号鍵を用いて、当該通信を復号する。
		復号された通信をスポット傍受の設定に従って、音声として再生する。
		再生した通信及び傍受した日時等のデータは、ハードディスクに格納した鍵を用いて暗号化する。
		暗号化したデータを原記録用媒体に自動的に記録する。
		原記録用媒体に記録した同内容を暗号化せずに傍受記録作成用媒体に自動的に記録する。
		記録する際には（高品質は維持しつつも）低容量かつ高圧縮なデータ形式で記録する。
改ざん検知ソフト（仮称）	送信装置 受信装置	装置に内蔵した耐タンパ性を有するTPM内にソフトウェアのハッシュ値を格納することにより、改ざんを検知する。
原記録再生ソフト（仮称）	原記録再生装置	鍵媒体に保存した原記録復号鍵を用いて、原記録に記録されている通信を再生する。
		鍵媒体に保存した原記録復号鍵を用いて、原記録に記録されている傍受した日時等のデータを確認する。

傍受記録再生等ソフト（仮称）	傍受記録再生等装置	傍受記録作成用媒体を再生する。
		傍受記録作成用媒体を編集する。

このように多くの複雑な内容のものをいくつかのソフトに反映させることは、果たして可能なのであろうか。多分、検証することができるのであるから、可能なのであろう。もし立会を廃止し、特定電子計算機に頼るのであれば、私たちは、これらすべての要件を確実に満たすようなソフトの誕生を期待したいと思う。また、その確認作業も警察に行わせず、市民自らの手で行うことができるようなシステムの構築が望まれるところである。

ところで、デロイト社も提起しているように、脅威を与えるアクターは、警察や検察の捜査機関であり、秘密裏に事を進行させる警察の体質から見れば、この法案通りに盗聴が開始でもされようものなら、誰もそのシステムの法律適応性をチェックできず、捜査機関の恣意的運用や悪用にも歯止めがかからなくなるであろう。

この検証においても、12として「送信装置、受信装置、原記録再生装置等が仕様書通りであることの確認」が存在する。それについて、この報告書は、「警察提案措置を実現するためのシステム開発、調達を行うに当たっては、高度な技術開発を伴うセキュリティシステムの公的機関への納入実績が十分にあり、コンプライアンス体制を整えた信頼性の高いベンダーを選定するとともに、そのベンダーから送信装置、受信装置、鍵生成装置、原記録作成装置等の各装置が、仕様書通りに製造されていることの証明書の提出を求めることなどにより、検収時の確認を適切に行う必要があります。」と述べ、仕様書通りの製造を確認できる証明書の提出でごまかそうとしている。このような業者自らの確認、すなわち、仕様書通りの作成の証明書という業者判断に任せてしまえば、そこで作成されてソフトウェアの信頼性は全く失われてしまうであろう。最低でも、衆参両議院の法務委員会のメンバーで構成される検証委員会又は第三者委員会での確認作業が必要であろう。

さらに、法務省では、サーバ増設などの経費負担を、通信業者に求めるつもりであるらしく、そうなると、通信料金（電話代と携帯代）に跳ね返ってくる可能性があり、絶対に許されるものではない。

この検証では、警察提起とは直接的に関連しないが、「通信傍受手続の可用性を向上させる観点から講じるべき対策」が検討されている。その検討結果は、次の表のとおりである。

＃	通信傍受手続	可用性が失われた状態	推奨事項	対策
1	鍵、装置提供	・不注意に由り鍵媒体を紛失し、傍受を実施できない。 ・裁判所において原記録を管理中に、裁判所用の鍵媒体を不注意により紛失し、原記録を再生できない。	鍵の可用性確保	ソフトウェアの作り込み
2	暗号化、送信	送信装置の故障により通信内容を受信装置に伝送できない。受信装置の故障により原記録用媒体を正しく作成できない。	受信装置、送信装置の予備機の配置	通信装置・受信装置の予備機の配置
3		通信内容が必要なタイミング、品質で正しく送信装置から受信装置へ伝送されない。	通信内容の欠落防止	ソフトウェアの作り込み
4		送信装置から受信装置に伝送された通信内容を完全に取得できない。	通信網の帯域保証	「保証型」契約プランの採用
5	原記録作成用媒体	受信装置において書き込み速度の問題等により、原記録用媒体を正しく作成できない。	原記録用媒体の作成失敗対策	原記録用媒体の複数同時書き込み
				通信内容を一時保存し、傍受実施後に原記録用媒体に書き込み
				通信内容を一時保存し、傍受実施後に原記録用媒体に複数同時書き込み
6		受信装置（一時記録装置）及び原記録用媒体において、当該装置が有している最大容量以上のデータ量が生じることにより、通信傍受内容をすべて保存できない。	受信装置（一時記録装置）及び原記録用媒体のデータ保存容量	ソフトウェアの作り込み

この可用性を担保するためにも、新たなソフトウェアの作り込みが必要という結論が導き出されている。

このようなデロイト社の検証に対し意見を求められた有識者の一人（手塚悟東京工業大学教授）は、通信盗聴の適正性担保について、次のように述べ、「適正性担保が実現できる」としている。

捜査機関が適正な通信傍受手続により得られる以上に情報を取得できるリスクに対し、以下の対策により、警察提案措置による通信傍受の適正性担保が実現できると考えられる。

○ 専用の通信網を構築している。

○ 耐タンパ性のある鍵媒体に鍵を格納し、かつ、鍵自体も暗号化が施されている。

○ 受信装置においてスポット傍受から原記録用媒体作成に至る作業が自動多岐に行われ、かつ、受信装置ではデータの改ざんを行う等の不正操作ができない設定になっている。

○ 受信装置において警察が傍受したすべての結果やその日時等の結果が格納され、当該データを地方裁判所で確認できる。

この提案は、技術的には優れたものなのであろう。しかし、それを使うのは人間である。人間の手が加えられることにより、いかようにも変化させることができることは、今までの警察不祥事から明らかである。このようなことを起こさせないためにも、国会の法務委員会を中心とした第三者委員会での適正性の確認が絶対になされなければならない。

第7章　法案の一体化批判

1. 法案の一体化について　——予算委員会での質疑

2015年3月2日に開催された衆議院予算委員会で、民主党の鈴木貴子議員（当時）は、次のように述べて、新時代の刑事司法の在り方についての法制審議会答申を受け、現在法務省が進めている「刑事訴訟法等の一部を改正する法律案」の内容をただした。

……可視化など、権利保障の拡大というものを盾にしつつ、実は社会的にも批判の強い盗聴法であるとか司法取引というものを便乗させて通してしまえ、抱き合わせて通してしまったらいいじゃないか、可視化が限定的だという指摘もきっとでてくるであろう、しかしながらゼロよりはいいんじゃないか、そんな声が上がってくるであろう、だから抱き合わせてしまえ、といった背景が、狙いが、実は裏にあるんじゃないかと私は思っております。

上川大臣、ぜひとも、この私の考えがどうか、そしてまた、違うというのであれば、何故にこの水と油の、性質の異なる二つのものを一本化させての法案上程なのか、改めてお尋ねします。

それに続けて、次のようにも主張している。

冤罪防止のためにそもそも動き始めたものが、実は冤罪の温床ともされた捜査権力、権限の拡充、拡大というところに一役買わされているというのは本末転倒である、このように私は、強い憤りを感じております。

また同時に、この焼け太りの改革案を見るだけでも、改めて、捜査機関の体質、自己のこれまでの過去を、過ちを認めない、反省しない、見直さない、検証しない、こういった体質が逆にありありと見えてきたのではないのかなと思います。

これに対して答弁した上川陽子法務大臣は用意された用紙を読むだけで、自分の声で答弁することはなかった。その答弁は法務官僚が用意したものであり、法制審答申に書かれていたことの繰り返しであり、「すべての内容は一体的なものである」とのことであった。これでは、何の説明にもなっていないことは明白である。

2. 法制審答申の特徴

法制審最終答申は、その結語で、次のように述べている。

> 「要綱（骨子）」に掲げる制度は多岐にわたるが、そのいずれもが、上記の２つの理念を実現するために必要な構成要素であるため、それらが一体として現行制度に組み込まれ、一つの総体としての制度を形成することによって、時代に即した新たな刑事司法制度が構築されていくものである。
>
> 個々の制度の在り方について、様々な立場からの多様な意見が存する中で、一体としての制度について一致を見るに至ったのは、上記の２つの理念の下に実現される新たな刑事司法制度を希求し、その実現に向けて歩みを進めようとの強い思いを共有したからにほかならない。

このような一体化論に正当性はあるのであろうか。

答申を、内容的にみれば、冤罪防止に関するものと新たな捜査手法に関するものとに二分されている。なぜこれらのものが一体的なのかについては、そこに掲げられている二つの理念に関わっている。

これについては、すでに2013年1月に決定された「時代に即した新たな刑事司法制度の基本構想」の中にあらわれている。

> 1　取調べへの過度の依存からの脱却と証拠収集手段の適正化・多様化
>
> 被疑者取調べの録音・録画制度の導入を始め、取調べへの過度の依存を改めて適正な手続の下で供述証拠及び客観的証拠をより広範

囲に収集することができるようにするため、証拠収集手段を適正化・多様化する。

2　供述調書への過度の依存からの脱却と公判審理の更なる充実化

供述調書への過度の依存を改め、被害者及び事件関係者を含む国民への負担にも配意しつつ、真正な証拠が顕出され、被告人側においても、必要かつ十分な防御活動ができる活発で充実した公判審理を実現する。

これが、最後までバイブルのごとく議論を主導してきた二つの理念である。この二つ理念そのものについての議論はほとんどなく、それを政策化した場合の課題が議論されたにすぎず、神洋明幹事の「ここで取り上げられている二つの柱、すなわち、『1　取調べへの過度の依存からの脱却と証拠収集手段の適正化・多様化』と、『2　供述調書への過度な依存からの脱却と公判審理の更なる充実化』が、まとめとして、実際上、このままでいいかどうかという疑問を持っています。」という発言がある程度である。このときに、神幹事を含めて、多くの人たちが憂慮の声を上げるべきだったのであろう。しかし、委員・幹事の中に、それを担うべき骨のある人はいなかった。

明確な理念を掲げるからには、どのような理念に基づき改革を進めていくのかをまず議論すべきであったにもかかわらず、特別部会は、そのような議論をせずに、まとめとして二つの理念を持ち出している。

2014年6月12日に開催された第27回会議で、まとめとしての「事務当局試案」が提示され、二回にわたり議論された。その議論を受け、第29回会議（6月30日開催）で提案されたものが、「新たな刑事司法制度の構築についての調査審議の結果【案】」である。

ところが、この最終答申案には、最初の事務当局試案にはなかったものが含まれていた。それは、「第1　はじめに」「第3　付帯事項」「第4　今後の課題」である。特に、第1で、「新時代の刑事司法制度特別部会における調査審議」と「結論」が付加され、その「結論」の中で、「一体化論」が主張された。それについて、事務当局は、今まで「基本構想」

に盛られた二つの理念の下で検討されてきたので、「その意味で、『要綱(骨子)』に記載された各制度は、それぞれ別個独立に導入することを想定して検討されたものではなく、それらが一体として現行制度に組み込まれ、一つの総体として制度を形成することとなる」として、一体的なものとの見解を示した。

議事録を読む限りにおいて、個別課題については熱心に議論されているが、このような事務局提案についての大きな異論はなかったように思われる。この一体化論が持つ意味の重大性に委員・幹事は気が付いていなかったのであろうか。

一体化論を推進した日弁連執行部は最終答申案の容認派であり、その持つ意味など考える必要もなかったであろう。しかし、答申内容に批判的意見を述べてきた委員や幹事の中に違和感はなかったのであろうか。この答申の持つ意味は、政府・法務省に対し、立法に正当化根拠を与えるものになることである。

3. 法案二分化論と衆議院法務委員会での質疑

「刑事訴訟法等の一部を改正する法律案」の立法理由として、「刑事手続における証拠の収集方法の適正化及び多様化並びに公判審理の充実化を図るため、取調の録音・録画制度、証拠収集等への協力及び訴追に関する合意制度、証人等の氏名等の情報を保護するための制度等を創設するとともに、犯罪捜査のための通信傍受の対象事件の範囲の拡大、被疑者国選弁護制度の対象事件の範囲の拡大等の措置を講ずる」と書かれている。これは、法制審答申をそのまま受け継いだものであり、二つの理念と一体化論にたったものである。

この法案には、捜査機関が行った強引な取調による冤罪への反省は全く見られず、法制審の答申をそのまま鵜呑みにしたものである。そもそも、法制審で議論されるべきは、「いかにして冤罪を防ぐか」であり、そのための取調の可視化であったはずである。しかし、この取調の可視化については、非常に限定的に認められたにすぎない。果たして何のための法制審だったのであろうか。

特別部会では、最終的には、法務省の強引な会議の進め方によって、全会一致で答申案が認められた。しかし、その裏では、各委員に対し、強引な誘導が行われていたようである。すなわち、「もしこの原案に賛成しなければ、捜査の可視化も認められない。場合によっては、政府原案を決定する際に、警察庁は反対し、取調の可視化も認めないことができるのだ」という恫喝まがいのことが行われていたようである。

冤罪被害者の人たちは捜査の可視化を強く望んでいるのであり、新捜査手法を捜査機関に与えることを望んでいるのではない。このことを強く主張することにより、法律案の二分化は正当性を持つことになる。

民主党の階猛議員は、2015年6月2日の法務委員会で、この一括法案の在り方について質問した。それに対して、横畠内閣法制局長官は、それには三つの基準があることを明らかにした。

> 複数の法律の改正を一つの法律案で行う場合には、従来から議論がございまして、一定の基準のもとで運用してございます。その基準と申しますのは、一つ目が、法律案に盛り込まれた政策が統一的なものであり、趣旨、目的が同じであること、二つ目が、法律案の条項が相互に関連しており、一つの体系を形づくっていること、三つ目が、できる限り同じ委員会の所管に属する事項に関するものであることが望ましいことの以上でございます。

それに対して、階議員は、「通信傍受法というのは、今までよりも捜査機関の権限を強化するという話です。他方で取り調べ可視化の方は、むしろ、取り調べの適正化を図るために今までよりも取り調べにブレーキをかけようということで、言うなれば権限について抑制的な方向である。趣旨、目的が違うのではないかと思います」と主張した。

これに対する上川法務大臣の答弁は、ここでもまた官僚の用意した答弁を繰り返すだけであり、質疑としては何らの進展も見られなかった。

しかし、この答弁の元となっているものは、特別部会での最終答申案である。そこに、採択されたすべての事項が一体的であるとの書きぶりが加わったことが大きな意味を持つことになったのである。この点についても、日弁連や良心派の委員の責任は非常に大きなものがあるだろう。

第8章　今後の課題
――特別部会・法務委員会を振り返って

⑴　通信盗聴法の問題は、憲法的視点が非常に絡んだ問題である。しかし、特別部会では、ほとんど憲法的論議がなされていない。これは、非常に由々しき現象である。最高規範としての憲法がないがしろにされているのである。

では、なぜそのような事態が生じたのであろうか。

そこには、委員選任の過程が問題として浮かび上がってくる。特に、学者委員の役割が重要である。にもかかわらず、学者委員の選任が法務省にゆだねられているので、法務省べったりの学者いわゆる御用学者のみが採用され、政権や法務省に批判的な者が採用されたことはない。これでは、社会一般の意見を集約する場としては、非常に限定的である。悲しいかな、選任された学者委員の意識改革に待つしかないのが現状である。

さらに、選任された有識者委員の不勉強と怠慢も、この特別部会の意義を半減させた原因である。本来は、捜査の可視化のつもりで選任されたのであろうが、より多くの問題を抱えたときに、それなりの問題意識を持ち、勉強する必要があるだろう。

盗聴や司法取引の問題について、その傾向は顕著である。

さらには、マスコミの体たらくを挙げることができる。すべての問題を可視化に収限させ、より大きな問題に触れても来なかった。それは、それらの問題についての社会的関心の惹起を怠ったことを意味している。その意味において、マスコミは、大いに反省すべきであろう。

このような状況は、秋の国会で招来するであろう共謀罪の攻防にも当てはまるものである。

⑵　ここで、通信盗聴法改悪が目指すものについて考えてみよう。

盗聴とは、人の内心を聞くことであり、知ることである。それを知った国家機関は、自己に不都合な者の存在を許しておくであろうか。集団的自衛権の容認や新安保法制に現れてきた状況を見れば、国家に不都合なものの存在をそのものとして許してはおかないであろう。そこには、国家に都合のよい人間作りを目指した思想統制の実現が図られようとしているのである。それは、結果として、「国家に従順な人間作り」であり、「もの言わざる民の育成」である。ここで考えられている国家は、市民社会を委縮させ、国家主義を蔓延させたいのであろう。

最後に、通信盗聴法の改悪によって何が問題となるのであろうか。列挙すると、次の通りである。

① 安易の盗聴への道を切り開こうとしていること

② 警察による市民社会への監視の強化

③ 監視カメラと相まった監視社会の実現

④ 今回の試案では採用されていないが、特別部会の中で議論され続けていた室内盗聴に対する監視は、今後とも継続しなければならないこと

⑤ 特定秘密保護法の施行や共謀罪の導入がなされれば、警察から、捜査手法としての盗聴への期待が高まることは明白であること

⑥ 共謀罪の制定による盗聴対象犯罪・室内盗聴のさらなる拡大

⑦ 現在の国会情勢では、法案化され、審議がはじめられた場合には、強行採決への道が待っているだけであること

⑧ 守るべきものとは何か

⑨ このような盗聴対象犯罪の拡大には、今後とも、断固として反対しよう。

第Ⅲ部
資料編

【資料１】通信傍受令状実施状況（2002 年～ 2015 年）

	実施件数	事件種別	令状		逮捕人員	実施期間	通話総数	傍受該当通信	別件盗聴	無関係盗聴	無関係盗聴率
			請求件数	発布件数							
2002	2	薬物密売 2	4	4	8	22	256	61	0	195	76.2
2003	2	薬物密売 2	4	4	18	32	772	244	0	528	68.4
2004	4	薬物密売 4	5	5	17	78	3446	665	0	2781	80.7
2005	5	組織的殺人 1 薬物密売 4	10	10	20	85	2210	330	30	1850	83.7
2006	9	薬物密売 9	21	21	31	244	7161	998	0	6163	86.1
2007	7	薬物密売 7	11	11	39	205	6126	1183	6	4937	80.6
2008	11	拳銃所持 2 組織的殺人 1 薬物密売 8	22	22	34	233	497	622	1	4284	87.3
2009	7	拳銃所持 1 薬物密売 6	33	33	33	292	4867	892	0	3975	81.7
2010	10	拳銃所持 1 組織的殺人 1 薬物密売 8	34	34	47	397	7475	1319	7	6149	82.3
2011	10	拳銃所持 3 組織的殺人 2 薬物密売 5	27	25	22	435	8442	763	0	7679	91.0
2012	10	薬物密売 6 拳銃所持 3 組織的殺人 1	32	32	44	461	9028	934	25	8069	89.4
2013	12	薬物密売 8 拳銃所持 3 組織的殺人 1	64	64	117	947	19346	3075	15	16256	84.0
2014	10	薬物密売 7 拳銃所持 3	26	26	72	538	13778	1646	683	11349	82.4
2015	10	薬物密売 9 組織的殺人 1	42	42	101	624	14528	4871	98	9559	65.8
合計	109	薬物密売 85 拳銃所持 16 組織的殺人 8	325	323	603	4593	97932	17603	865	83774	85.5

【資料2】携帯ネットワークのつながる仕組み

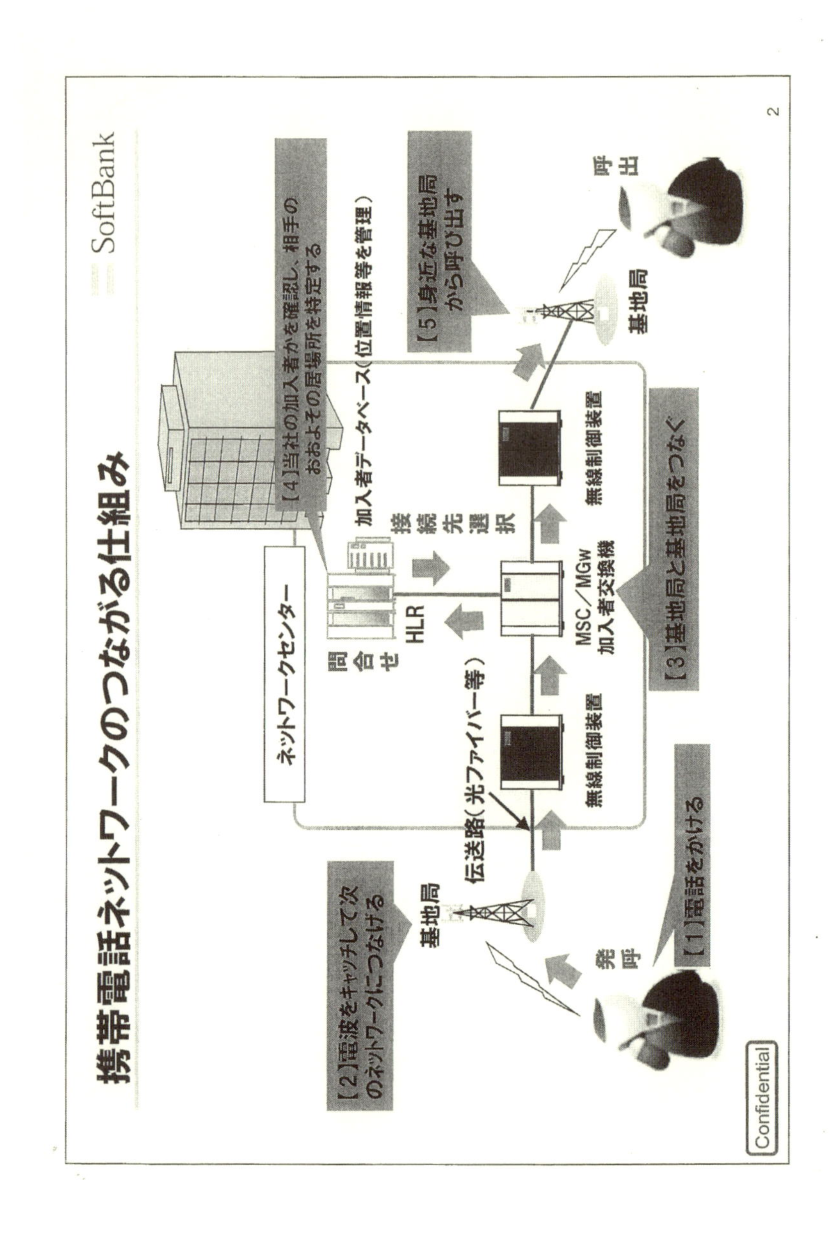

【資料3】通信傍受システム及び関連設備構成

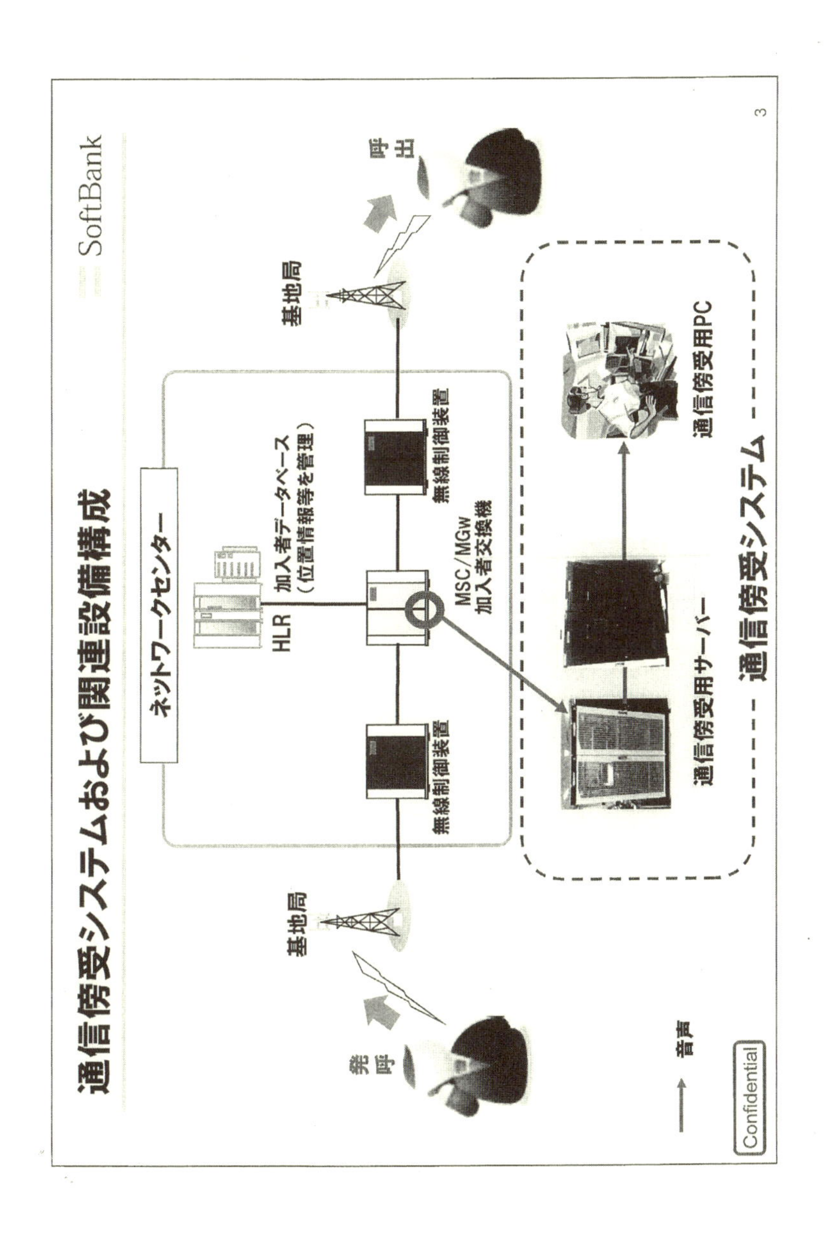

【資料4】通信傍受はどのようにして行われるのか？

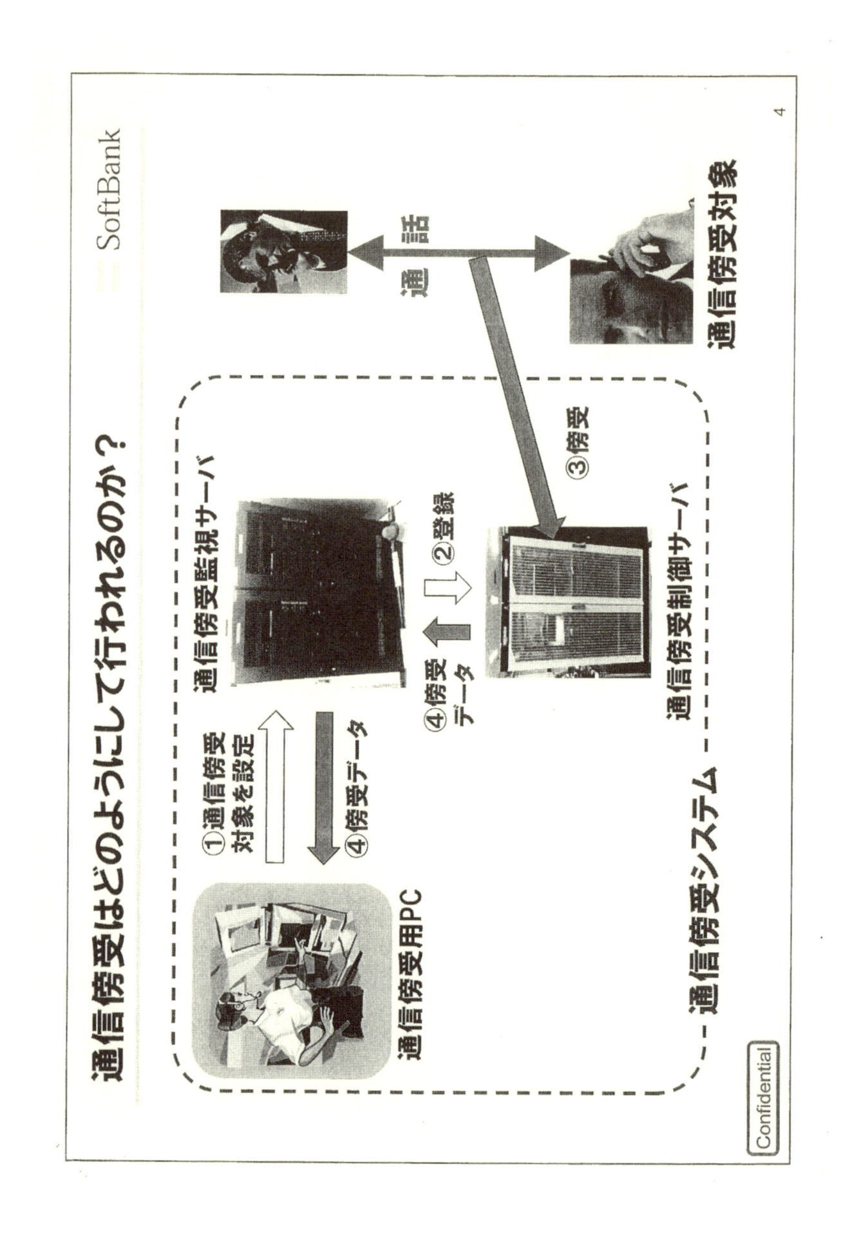

【資料５】通信傍受のフロー図（現行）

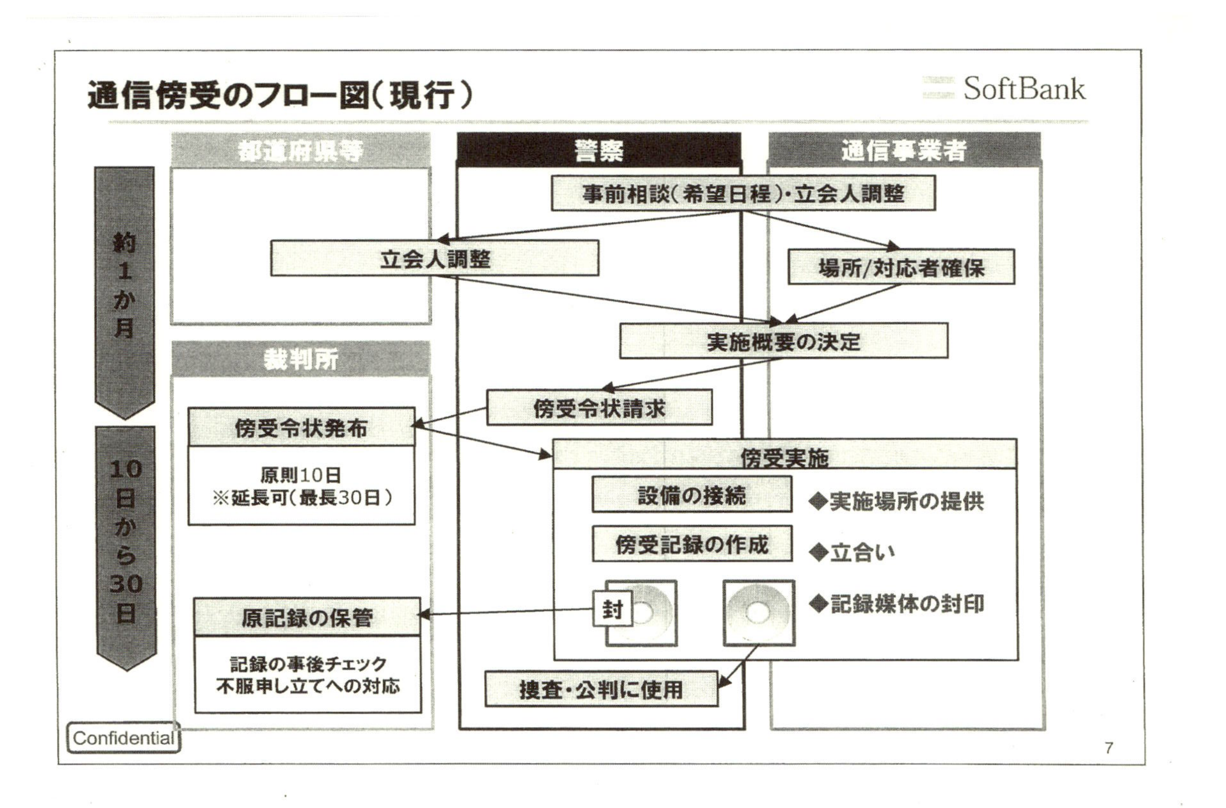

【資料6】立会人調整

立会人調整について（実際の調整リスト）

SoftBank

◆事前相談が来ると、各部署にアサインを依頼し、立会人（社員）を確保。
◆通常業務を行っている社員の中から、短期間に多数の人数を確保することに苦心。

		前半（9:00-17:00）※休日は9:00-16:00						後半（17:00-22:00）※休日は16:00-22:00					
日付	曜日	本部	部署	勤務先	氏名	業務用端末番号	メールアドレス	本部	部署	勤務先	氏名	業務用端末番号	メールアドレス
201×/×/×	火	地方公務員						総務本部	社員サポート推進部	汐留	I	080-●●●●-●●●●	●●●●@●●●●
201×/×/×	水	地方公務員						総務本部	コーポレートセキュリティ部	汐留	J	080-●●●●-●●●●	●●●●@●●●●
201×/×/×	木	地方公務員						セキュリティ本部	セキュリティ管理部	汐留	K	080-●●●●-●●●●	●●●●@●●●●
201×/×/×	金	総務本部	コンプライアンス部	汐留	A	080-●●●●-●●●●	●●●●@●●●●	総務本部	コーポレートセキュリティ部	汐留	L	080-●●●●-●●●●	●●●●@●●●●
201×/×/×	土	地方公務員						地方公務員					
201×/×/×	日	地方公務員						総務本部	コーポレートセキュリティ部	汐留	M	080-●●●●-●●●●	●●●●@●●●●
201×/×/×	月	地方公務員						地方公務員					
201×/×/×	火	地方公務員						地方公務員					
201×/×/×	水	地方公務員						地方公務員					
201×/×/×	木	総務本部	コーポレートセキュリティ部	汐留	B	080-●●●●-●●●●	●●●●@●●●●	総務本部	コーポレートセキュリティ部	汐留	L	080-●●●●-●●●●	●●●●@●●●●
201×/×/×	金	地方公務員						地方公務員					
201×/×/×	土	総務本部	コーポレートセキュリティ部	新砂	C			総務本部	コーポレートセキュリティ部	汐留	N	080-●●●●-●●●●	●●●●@●●●●
201×/×/×	日	地方公務員						総務本部	コーポレートセキュリティ部	汐留	O	080-●●●●-●●●●	●●●●@●●●●
201×/×/×	月	地方公務員						技術統括	運用企画部	仙石山	P	080-●●●●-●●●●	●●●●@●●●●
201×/×/×	火	地方公務員						セキュリティ本部	セキュリティ管理部	汐留	Q	080-●●●●-●●●●	●●●●@●●●●
201×/×/×	水	地方公務員						総務本部	リスクマネジメント部	汐留	R	080-●●●●-●●●●	●●●●@●●●●
201×/×/×	木	地方公務員						総務本部	社員サポート推進部	汐留	S	080-●●●●-●●●●	●●●●@●●●●
201×/×/×	金	地方公務員						総務本部	ファシリティマネジメント部	汐留	T	080-●●●●-●●●●	●●●●@●●●●
201×/×/×	土	総務本部	コーポレートセキュリティ部	汐留	D	080-●●●●-●●●●	●●●●@●●●●	技術統括	運用企画部	仙石山	U	080-●●●●-●●●●	●●●●@●●●●
201×/×/×	日	総務本部	コーポレートセキュリティ部	汐留	E	080-●●●●-●●●●	●●●●@●●●●	総務本部	コーポレートセキュリティ部	汐留	L	080-●●●●-●●●●	●●●●@●●●●
201×/×/×	月	地方公務員						セキュリティ本部	セキュリティ管理部	汐留	V	080-●●●●-●●●●	●●●●@●●●●
201×/×/×	火	地方公務員						総務本部	社員サポート推進部	汐留	W	080-●●●●-●●●●	●●●●@●●●●
201×/×/×	水	総務本部	コーポレートセキュリティ部	汐留	F	080-●●●●-●●●●	●●●●@●●●●	総務本部	ファシリティマネジメント部	汐留	X	080-●●●●-●●●●	●●●●@●●●●
201×/×/×	木	地方公務員						総務本部	総務企画部	汐留	Y	080-●●●●-●●●●	●●●●@●●●●
201×/×/×	金	地方公務員						総務本部	コンプライアンス部	汐留	Z	080-●●●●-●●●●	●●●●@●●●●
201×/×/×	土	セキュリティ本部	セキュリティ管理部	汐留	G	080-●●●●-●●●●	●●●●@●●●●	総務本部	ファシリティマネジメント部	汐留	AA	080-●●●●-●●●●	●●●●@●●●●
201×/×/×	日	総務本部	社員サポート推進部	汐留	H	080-●●●●-●●●●	●●●●@●●●●	総務本部	総務企画部	汐留	AB	080-●●●●-●●●●	●●●●@●●●●
201×/×/×	月	地方公務員						セキュリティ本部	セキュリティ管理部	汐留	AC	080-●●●●-●●●●	●●●●@●●●●
201×/×/×	火	地方公務員						総務本部	社員サポート推進部	汐留	AD	080-●●●●-●●●●	●●●●@●●●●
201×/×/×	水	地方公務員						総務本部	コーポレートセキュリティ部	汐留	L	080-●●●●-●●●●	●●●●@●●●●

Confidential

11

【資料7】「時代に即した新たな刑事司法制度の基本構想」にあらわれた盗聴法改悪の原案

(3) 通信・会話傍受等
ア 通信傍受の合理化・効率化
通信傍受をより効果的・効率的に活用できるようにするため，傍受の実施の適正を担保しつつ，以下のとおり通信傍受法を改正することについて具体的な検討を行う。
○ 通信傍受の対象犯罪を拡大し，振り込め詐欺や組織窃盗を含め，通信傍受が必要かつ有用な犯罪において活用できるものとする。
○ 暗号等の技術的措置を活用することにより，立会いや封印等の手続を合理化する。
○ 該当性判断のための傍受の方法として，全ての通信を一旦記録しておき，事後的にスポット傍受の方法による必要最小限度の範囲の聴取を行うことも可能な仕組みとする。
イ 会話傍受
会話傍受については，①振り込め詐欺の拠点となっている事務所等，②対立抗争等の場合における暴力団事務所や暴力団幹部の使用車両，③コントロールド・デリバリーが実施される場合における配送物の３つの場面を念頭に置き，指摘される懸念をも踏まえて，その採否も含めた具体的な検討を行う。
(出典：2013 年 1 月 29 日特別部会第 19 回会議「時代に即した新たな刑事司法制度の基本構想」14 頁から 17 頁)

【資料8】特別部会に提出された日弁連推薦委員の修正意見（2013 年 1 月 21 日付）

2013 年 1 月 21 日

法制審議会 新時代の刑事司法制度特別部会
部会長　本　田　勝　彦　殿

委員　氏　名（省略）

「時代に即した新たな刑事司法制度の基本構想（部会長試案）」についての修正意見
第 18 回会議でお示しいただいた「時代に即した新たな刑事司法制度の基本構想 (部会長試案)」の「第４　時代に即した新たな刑事司法制度を構築するた

め検討するべき具体的方策」の枠内の記載について、下記のとおり修正意見を述べます。

記

1　取調べへの過度の依存を改め、証拠収集手段を適正化・多様化するための方策

(1) 取調べの録音・録画制度

枠内の記載を次のように変更すべきである。

(被疑者取調べの録音・録画制度) 被疑者取調べの録音・録画制度の導入については、一定の事件ないし範囲について原則として録音・録画を義務付ける制度について具体的な検討を行う。対象事件ないし範囲としては、まずは以下を検討する。 ○　裁判員制度対象事件の取調べの全過程 ○　全ての事件における検察官による取調べの全過程 (参考人取調べの録音・録画制度) 参考人取調べの録音・録画制度については、一定の事件ないし範囲について原則として録音・録画を義務付ける制度について、まずは、検察官による取調べの全過程を対象に、具体的な検討を行う。

(2) 刑の減免制度、協議・合意制度及び刑事免責制度

枠内の「協議・合意制度」に関する記載を次のように変更すべきである。

(協議・合意制度) ○　検察官が弁護人との間で、被疑者において自己又は他人の犯罪事実を明らかにするための協力をすることと引換えに、検察官の裁量の範囲内で、処分又は量刑上の明確な恩典を付与することに合意できるとする制度

(3) 通信・会話傍受等

ア　通信傍受の合現化・効率化

枠内の記載を次のように変更すべきである。

通信傍受が、憲法が保障する通信の秘密やプライバシーを侵害する捜査手法であることから、対象犯罪の拡大や実施要件の緩和には、特別の配慮が必要であるとの指摘を踏まえつつ、以下のとおり通信傍受法を改正することについてその採否も含めて具体的な検討を行う。

○　通信傍受の対象犯罪を拡大し、振り込め詐欺や組織窃盗を含め、通信傍受が必要かつ有用な犯罪において活用できるものとする。

○　暗号等の技術的措置を活用することにより、立会いや封印等の手続を合理化する。

○　該当性判断のための傍受の方法として、全ての通信を一旦記録しておき、事後的にスポット傍受の方法による必要最小限度の範囲の聴取を行うことも可能な仕組みとする．

○　捜査機関から独立した第三者によって構成される監視機関が、捜査機関による傍受の状況、傍受装置及び傍受した通信の記録等を監視・検査し、違法な傍受が行われたことを発見した場合には、告発等の処分をする制度を創設する。

イ　会話傍受

全部削除すべきである。

【資料９】日弁連修正意見に言及した議事録

続いて１５ページ以下,「(３) 通信･会話傍受等」でございますが, このうち, まず, 通信傍受の合理化・効率化に関しては,「通信傍受が憲法上の通信の秘密やプライバシー権を侵害する捜査手法であることから, 対象犯罪の拡大や手続の合理化・効率化に当たり, 傍受の実施の適正を担保するための特別な配慮が必要であることを踏まえるべきであり, それを踏まえ, 通信傍受の改正については, その採否も含めた具体的な検討を行うものと位置付けるべき」旨の御意見がございました。これまでの御議論の状況や現在検討対象となっている３点が, いずれも現行通信傍受法における傍受の実施の適正担保の要請を緩和するものとは必ずしも考えられないことに照らしまして, 御意見をそのまま反映する形は採りませんでしたが, 通信傍受法の改正についての具体的な検討を行うに当たり, 傍受の実施の適正を担保することが必要であることを確認する趣旨で，枠内及び１５ページ（ア）の本文に加筆いたしました。

また，会話傍受については，前回の会議で，これを検討対象から除外して記載を削除するべきとの御意見も示されましたが，これまでの御議論の状況に照らし，そこまでの必要はなく，採否も含めた具体的な検討を行うものとされている事項でもあることから，原案の記載を維持することといたしました。
（出典：新時代の刑事司法制度特別部会第１９回会議 議事録３頁）

【資料 10】新たな刑事司法制度の構築についての調査審議の結果（案）——第 30 回会議・2014 年 7 月 9 日

第４ 今後の課題

1　新たな刑事司法制度の在り方についての当審議会における検討は，ひとまず終了する。しかし，制度とは，その運用を重ねる中で，絶えずそのあるべき姿が追究され，必要に応じて改善がなされていくことを通じて，より良いものに進化・発展していくことが求められるものである。その意味で，取調べの録音・録画制度はもとより，「要綱（骨子）」に掲げるいずれの制度についても，一定の運用の経験が蓄積された後に，その実情に関する正確な認識に基づいて，多角的な検討がなされることを期待する。

2　また，刑事司法制度を取り巻く情勢等は常に変化していくのであり，刑事司法制度が「時代に即した」ものであり続けるためには，今後，他の新たな制度の導入についても検討がなされることが必要とされよう。例えば，特別部会で相当程度具体的な検討を行ったものの，「要綱（骨子）」には掲げられていない事項のうち，犯罪事実の解明による刑の減軽制度や被告人の証人適格などについては，引き続き検討を行うことが考えられるであろうし，また，以下に掲げるものについては，今後，必要に応じて，更に検討を行うことが考えられよう。

○　会話傍受については，振り込め詐欺や暴力団犯罪の捜査，あるいは，コントロールド・デリバリーの手法による薬物銃器犯罪の捜査の際に，共謀状況や犯意に関する証拠を収集する上で必要であり，理論的にも制度化は可能であるとの意見があった一方で，通信傍受以上に個人のプライバシーを侵害する危険性が大きく，場面を限ったとしてもなお捜査手法として認めるべきでないとして制度化自体に反対する意見があったところである。

○　再審請求審における証拠開示については，公判前整理手続の中で規定されているような類型証拠開示と主張関連証拠開示の仕組みを再審請求審の手続にも導入すべきであるとの意見があった一方で，再審請求審は，当事者主義がとられている通常審とは根本的に手続の構造が異なっているため，公判前整理手続における証拠開示制度を転用するというのは，理論的・制度的整合性がなく，適切でないなどとの意見があったところである。

○　起訴状や判決書における被害者の氏名の秘匿については，被害者の保護と被告人の防御権との調整の問題として早急に解決しなければならず，制度的な措置を講じることを検討すべきであるとの意見があった一方で，起訴状や判決書については，被害者の氏名を必ず記載しなければならないとはされておらず，個別の事案ごとの柔軟な運用によって対処すべきであり，引き続き運用の状況を見守りつつ慎重な検討をすべきであるとの見解もあったところである。

○　証人保護プログラムについては，特別部会で取り扱うことが困難な民事・行政関係にわたる課題が多いことなどに鑑み，特別部会で具体的な制度設計を行うべき項目とはされなかったものであるが，制度の必要性については，一定の認識の共有がなされたところである。

【資料 11】通信傍受法の対象犯罪拡大に反対する 18 弁護士会会長共同声明

2015 年 3 月 13 日

通信傍受法の対象犯罪拡大に反対する 18 弁護士会会長共同声明

埼玉弁護士会　会長　大倉　浩
千葉県弁護士会　会長　蒲田　孝代
栃木県弁護士会　会長　田中　真
静岡県弁護士会　会長　小長谷　保
兵庫県弁護士会　会長　武本夕香子
滋賀弁護士会　会長　近藤　公人
岐阜県弁護士会　会長　仲松　正人
金沢弁護士会　会長　飯森　和彦
岡山弁護士会　会長　佐々木浩史
鳥取県弁護士会　会長　佐野　泰弘
熊本県弁護士会　会長　内田　光也

沖縄弁護士会　　会長　島袋　秀勝
仙台弁護士会　　会長　齋藤　拓生
福島県弁護士会　会長　笠間　善裕
山形県弁護士会　会長　峯田　典明
岩手弁護士会　　会長　桝田　裕之
青森県弁護士会　会長　源新　明
愛媛弁護士会　　会長　田口　光伸

２０１４（平成２６）年９月１８日，法制審議会は，「新たな刑事司法制度の構築についての調査審議の結果」を採択し，法務大臣に答申した（以下，本答申という）が，その内容として，従来，通信傍受法の対象犯罪が暴力団関連犯罪の①銃器犯罪，②薬物犯罪，③集団密航，④組織的殺人の４類型に限定されていたものを，傷害，詐欺，恐喝，窃盗などを含む一般犯罪にまで大幅に拡大することを提言している。また，これまで市民のプライバシーを侵害する危険のある通信傍受法が抑制的に運用される歯止めとなっていた通信事業者の常時立会制度も撤廃されることとされる。

このたび本答申に基づく通信傍受法の改正法案が国会に上程されたが，私たちは，以下の理由から，本答申に基づく通信傍受法の改正に反対するとともに，国会における審議においても，慎重な審議がなされることを求めるものである。

重大な犯罪に限定されず

通信傍受法施行前に検証許可状により実施された電話傍受の適法性につき判断した最高裁判所平成１１年１２月１６日第三小法廷決定は，「重大な犯罪に係る被疑事件」であることを電話傍受の適法性の要素としていたが，詐欺，恐喝，窃盗については，いずれも財産犯であり，必ずしも「重大な犯罪」とはいいがたい。

詐欺罪にも様々な詐欺がありうるのであって，組織的な詐欺グループである振り込め詐欺以外にも広く通信傍受が実施されるおそれがあり，漫然と詐欺罪を対象犯罪とすることは許されない。振り込め詐欺や窃盗団等を想定するのであれば，実体法として，それらを捕捉し得る新たな構成要件を創設した上で対象犯罪にするべきである。しかも，組織犯罪処罰法には組織的詐欺罪（同法３条１３号）や組織的恐喝罪（同１４号）が規定されているのであるから，それを対象犯罪に追加することで対象犯罪を必要最小限度に限定することも可能である。

また，本答申の基礎とされた「新時代の刑事司法制度特別部会」がまとめた「時代に即した新たな刑事司法制度の基本構想」は，「通信傍受は，犯罪を解明するに当たっての極めて有効な手法となり得ることから，対象犯罪を拡大して，振り込め詐欺や組織窃盗など，通信傍受の必要性・有用性が高い犯罪をも含むものとすることについて，具体的な検討を行う」としている。

これは，前記最高裁決定が指摘する犯罪の「重大性」を前提とせず，対象犯罪拡大を検討したものであるが，捜査機関にとっての「必要性」「有用性」を基準とすれば，その拡大には歯止めがない結果となる。日本弁護士連合会が反対している共謀罪や特定秘密保護法違反などにも，捜査機関にとって犯罪の共謀を立証するのに「必要かつ有用」として，通信傍受の適用の拡大が企図される危険も大きい。

常時立会制度の撤廃は捜査権の濫用を招く

通信傍受法が定める通信事業者による常時立会は，傍受記録の改ざんの防止と通信傍受の濫用的な実施を防止するという２つの機能を果たしていた。傍受対象通信を通信事業者等の施設において暗号化した上で送信し，これを捜査機関の施設において自動記録等の機能を有する専用装置で受信して復号化することにより，傍受を実施するという答申が提言する技術的措置は，通信傍受記録の改ざんの防止という点は確保できるかもしれないが，無関係通信の傍受など通信傍受の濫用的な実施を防止するという点が確保されるとは考えられない。

従来の通信傍受法の運用において，この常時立会という手続があることで，「他の方法によっては，犯人を特定し，又は犯行の状況若しくは内容を明らかにすることが著しく困難であるとき」という補充性の要件が実務的に担保されてきたものである。しかし，答申のような手続の合理化・効率化がなされれば，捜査機関は令状さえ取得すれば簡単に傍受が可能となるので，安易に傍受捜査に依存することになることは必至であり，補充性要件による規制が実質的に緩和されることとなり，濫用の危険は増加する。

盗聴社会の到来を許さない

ここで通信傍受法の対象犯罪の拡大に歯止めをかけなければ，過去再三廃案とされたにもかかわらず，未だ法案提出がなされようとしている「共謀罪」とあわせて，盗聴社会の到来を招く危険がある。

捜査機関による通信傍受の拡大は，単に刑事司法の領域に止まる問題ではなく，国家による市民社会の監視につながり，市民社会そのものの存立を脅かす問題である。
　よって，私たちは，本答申にもとづく通信傍受法の改正に反対するとともに，国会における審議においても，慎重な審議がなされることを求めるものである。

【資料11－1】前・元弁護士会会長による緊急声明

２０１５年（平成２７年）７月３日

国会議員各位

刑事訴訟法等一部改正法律案の審議に当たっての訴え
～前・元　弁護士会会長による緊急声明～

札幌弁護士会	弁護士	田中　宏
旭川弁護士会	弁護士	八重樫和裕
函館弁護士会	弁護士	前田建三
釧路弁護士会	弁護士	今　重一
秋田弁護士会	弁護士	狩野節子
群馬弁護士会	弁護士	大塚武一
新潟県弁護士会	弁護士	味岡申宰
長野県弁護士会	弁護士	佐藤芳嗣
山梨県弁護士会	弁護士	加藤啓二
愛知県弁護士会	弁護士	纐纈和義
福井弁護士会	弁護士	佐藤辰弥
富山県弁護士会	弁護士	青島明生
奈良弁護士会	弁護士	佐藤真理
広島弁護士会	弁護士	山田延廣
島根県弁護士会	弁護士	吾郷計宜
徳島弁護士会	弁護士	川真田正憲
高知弁護士会	弁護士	谷脇和仁
大分県弁護士会	弁護士	古田邦夫
宮崎県弁護士会	弁護士	西田隆二
鹿児島県弁護士会	弁護士	増田　博

１　刑事訴訟法等の一部を改正する法律案は、５月２６日衆議院法務委員会において趣旨説明があった後、現在可視化の問題が終わり、司法取引をテーマとして審議がなされています。今後、証拠開示・保釈、盗聴につき順次審議し、その後総括質疑をする予定となっています。採決は、７月２０日過ぎになるの

ではないかと予想されています。
この法律案には、一部可視化、証拠開示、証人等の氏名秘匿など多岐にわたって審議しなければならない問題がありますが、証拠収集等への協力及び訴追に関する合意(司法取引)制度の創設、通信傍受法における対象犯罪の拡大等は、看過し得ない問題点が含まれています。
証拠収集等への協力及び訴追に関する合意(司法取引)制度の創設(法律案第4章新設)、通信傍受の対象犯罪の拡大及び新たな傍受の実施方法の導入(犯罪捜査のための通信傍受に関する法律改正)は、刑事手続の改善に資するものではないので刑事訴訟法等一部改正法律案から切り離し、廃案にするよう求めるものです。

2　この法律案に憂慮する弁護士は、法制審議会での審議段階からこれまで、通信傍受の拡大等および司法取引の危険性を訴えてきました。
本年3月13日通信傍受の拡大に反対する18弁護士会会長の共同声明が発表されました。その声明に名を連ねたのは、埼玉弁護士会、千葉県弁護士会、栃木県弁護士会、静岡県弁護士会、兵庫県弁護士会、滋賀県弁護士会、岐阜県弁護士会、金沢弁護士会、岡山弁護士会、鳥取県弁護士会、熊本弁護士会、沖縄弁護士会、仙台弁護士会、福島県弁護士会、山形県弁護士会、岩手県弁護士会、青森県弁護士会、愛媛県弁護士会の18弁護士会の会長でした。
その後、福岡県弁護士会、三重県弁護士会、横浜弁護士会、京都弁護士会の4弁護士会から会長声明が出され、司法取引、通信傍受の拡大等に懸念、反対を表明し、それらを法律案から切り離すことを求めるものでした。

3　衆院での審議が進行している状況を踏まえ、上記弁護士会以外の弁護士会の会長経験者である私たちは、ここに連名で訴えることにしたものです。

4　本年5月26日に開かれた第189国会衆院法務委員会における上川国務大臣の刑事訴訟法等一部改正法律案の趣旨説明によれば､同法律案の趣旨は｢世界一安全な国日本をつくるという観点からも、その基盤となる刑事手続の機能の強化が求められる」ものとされています。すなわち治安強化がこの法律案の趣旨とされているのです。
そもそも，法務大臣の諮問をうけた法制審議会は、村木事件をはじめとして，足利事件，布川事件，氷見事件，志布志事件，東電ＯＬ事件等，多くのえん罪事件が発生している「近年の刑事手続をめぐる諸事情」(諮問92号)に鑑み，設けられたものでした。冤罪を生み出した捜査機関の捜査のあり方、捜査構造そのものの抜本的改革を期待されて発足したものです。それが、審議の過程で大きく変容し、ついには、「治安強化」のための刑事手続、刑事訴訟法の一部を改正する法律案となったことに驚かざるを得ません。

5　冤罪生む司法取引 (証拠収集等への協力及び訴追に関する合意）制度

法律案第４章証拠収集等への協力及び訴追に関する合意（司法取引）制度創設は、被疑者・被告人が他人の犯罪事実を明らかにする供述と引き替えに、検察官が起訴しないなどの恩典を与えるものです。

この制度の対象犯罪は財政経済関係犯罪に限定されているといわれていますが、しかしそれは、可視化 (録画）の対象となっていない犯罪で、文書偽造、有価証券偽造、贈賄、収賄、詐欺、恐喝、横領、租税に関する法律・独禁法・金融商品取引法などの財政経済関係犯罪、薬物犯罪、銃刀法違反の罪などきわめて広範で、公務、経済活動等に従事する者にとっても影響の大きな制度です。アメリカではこの制度によって多くの冤罪事件が生まれ、大きな問題になっています。

司法取引は、引き込みによる冤罪発生の危険性が高いものと指摘されています。自らの罪を逃れまたは軽くするために共犯者に不利な供述をし、または無関係な第三者を犯罪に引きずり込む懸念は払拭できません。

また、この制度には警察官が直接司法取引の当事者になる仕組みが新設されています。捜査の当事者である警察が検察官に代わって司法取引を直接行うことによる冤罪発生の恐れが生じます。警察が真犯人と定めた者を犯人にするために、別事件 (あるいは共犯とされる事件) の被疑者・被告人に、その者の罪を免れさせて「真犯人と目された者を犯人とする」供述を得ることがありうるからです。これは、国民が期待する冤罪をなくすための制度に逆行するものです。

6　市民生活を危険にさらす通信傍受の拡大等

現行の通信傍受法は、自民党、公明党が対象犯罪を、およそ犯罪組織しかしないであろう犯罪 (薬物犯罪、銃器犯罪、集団密航、組織的殺人) に絞る修正をして、ようやく成立させたものです。通信傍受という問題の多い捜査方法は、通常の犯罪には使用しないというのが当時の与党を含めた国会の意思でした。ところが今回の法律案では、対象犯罪が主要犯罪である放火、殺人、傷害、逮捕･監禁、誘拐、窃盗、強盗、詐欺、恐喝等へと一挙に広がっています。また，これまでは通信事業者の施設内における通信事業者職員等の立ち会いが必要とされていたことによって東京都内の１カ所でしか通信傍受ができなかったのですが、法律案では、機器さえ整えれば全国至る所での通信傍受が可能となります。ラインなど新たな通信手段をも捕捉できるほど通信傍受機器が発達した今日、まさにこれでは、通信傍受自由化法と言わざるを得ません。

通信傍受は、対象犯罪に当たる内容の通信がなされているかどうかを特定するため、通信のすべてを聞いてみなければならない捜査手法であり、必然的に犯罪に無関係な通信、犯罪に関わらない者の通信が傍受・盗聴される本質を有しています。それは、通信の秘密・プライバシー権の侵害以外の何ものでもありませんでした。また、それは、別件傍受を認めているほか、まだ発生していない犯罪をも対象としており、現行刑訴法で許されていない予防強制捜査に道を開き、刑事手続の根幹を突き崩すものとなっています。

かかる違憲、違法な通信傍受の対象犯罪を広げ、傍受をしやすくする法律案を私たちは、到底認めることができません。

以上のとおり、私たちは、司法取引(証拠収集等への協力及び訴追に関する合意)制度の創設、犯罪捜査のための通信傍受に関する法律改正に反対する立場から、それらを刑事訴訟法等一部改正法案から切り離して、廃案にするよう求めるものです。

【資料11－2】横浜弁護士会会長声明

１　「刑事訴訟法等の一部を改正する法律案」（以下「本法案」という）が２０１５（平成２７）年８月７日，衆議院本会議にて可決された。本法案に対して，当会は同年６月１１日付で会長声明を出し，「捜査・公判協力型協議・合意制度」（以下「本合意制度」という）の導入と「犯罪捜査のための通信傍受に関する法律」（以下「通信傍受法」という）の改正について，以下のとおり重大な問題があることを指摘した。

２　本合意制度については，第１に「引っ張り込み」の危険など新たなえん罪を生み出す危険性が認められること，第２に犯罪者に対して捜査機関に協力することによる免責あるいは責任軽減を制度的に認めるものであり裁判の公平や司法の廉潔性に抵触するおそれが大きいこと，第３に弁護人自身が他人の犯罪立証に制度的に組み込まれ場合によってはえん罪に加担させられかねないこと，という点である。

通信傍受法については，現行法では対象犯罪を薬物犯罪，銃器犯罪，組織的な殺人，集団密航の４類型に限定していたものが，本法案では窃盗，強盗，詐欺，放火，殺人，傷害その他一般犯罪まで広く対象犯罪を拡大しようとしており，国民の通信の秘密やプライバシーが侵害されるおそれが格段に高くなる，という点である。

３　この点，確かに衆議院の審議においては，本合意制度については捜査機関と被疑者又は被告人が協議する過程に弁護人が常時関与することとすること，検察官が本合意制度を活用すべきか否かの判断に当たって「当該関係する犯罪の関連性の程度」を考慮要素に加えたこと，という修正が加えられた。そして，附帯決議では協議や合意を記録化することが明記された。
しかしながら，これらの修正では当会が指摘した上記の問題点について根本的な見直しがなされたとは到底いうことはできない。これらの修正によっても，弁護人には「他人」の犯罪に関する資料は当然のように開示されず，捜査段階においては自らが弁護人となっている被疑者に関する資料も開示されることはない。このような状況において，弁護人が協議に常時関与したからといって「他人」の犯罪について適正な判断ができないという点は何ら変わりがない。また，「当該関係する犯罪の関連性の程度」を考慮要素に加えたとしても，法文上は全く関係のない他人の犯罪が排除されているわけではない。本合意制度も利益誘導による供述に依拠するという構造は変わっておらず，えん罪を生み出す危険性が減少したとは言えない。

4　また，衆議院の審議においては，通信傍受法についても事後に傍受記録の聴取等の許可の請求，不服申立ての教示を追加すること，などの修正が加えられた。
しかしながら，衆議院での法案審議により現行法下でも犯罪と関係のない会話が実に８５％にも上ることが明らかとなっているところ，本法案により対象犯罪を一般犯罪にまで拡大し，かつ要件が緩和されたことにより，犯罪とは無関係な会話や通信が盗聴され，傍受される危険性はこれまでとは桁違いに大きくなると言わざるを得ない。上記の修正によって通信の当事者に対して事後に傍受記録の聴取等の許可の請求及び不服申立ての教示がなされることとなっているが，通信の当事者に通知されるのは捜査機関が通信内容を証拠として利用する場合だけであり，それ以外の圧倒的多数の通信内容については，傍受されたこと自体が通知されず，当事者には不明なままとなってしまう。

5　このように，修正内容についても多くの問題が残されているにもかかわらず，本法案は衆議院本会議にて可決されるに至ってしまった。衆議院本会議にて可決された本法案は上記の問題点をいずれも看過するものであり，極めて不十分である。

そこで，当会は，衆議院が可決させた本法案は看過しがたい問題点があることを改めて指摘し，参議院においては，上記の問題点を十分考慮した上で，冤罪の防止を図り，適正手続の保障を徹底するという観点から，本法案の抜本的見直しがなされることを求めるものである。
2016年（平成28年）3月24日
横浜弁護士会　　会長　竹森　裕子

【資料 12】盗聴法対象犯罪比較表（斜体字＝現行盗聴法、黒ゴチ＝当初政府原案）

現行盗聴法・当初の政府原案	刑訴法等の一部改正案
1 イ　刑法第 77 条第 1 項第 1 号若しくは第 2 号前段（内乱）の罪又はこれらの罪の未遂罪	
ロ　刑法第 81 条（外患誘致）、第 82 条（外患援助）又は第 83 条（未遂罪）の罪	
ハ　刑法第 108 条（現住建造物等放火）の罪、同条の例により処断すべき罪又はこれらの罪の未遂罪	一 1 刑法第 108 条（現住建造物等放火）の罪及びその未遂罪
ニ　刑法第 126 条（汽車転覆等及び同致死）の罪若しくは同条第 1 項若しくは第 2 項の罪の未遂罪又は同法第 127 条（往来危険による汽車転覆等）の罪	
ホ　刑法第 146 条後段（水道毒物等混入致死）の罪	
ヘ　刑法第 148 条（通貨偽造及び行使等）の罪又はその未遂罪	
ト　刑法第 199 条（殺人）の罪又はその未遂罪	2　刑法第 199 条（殺人）の罪及びその未遂罪
	3　刑法第 204 条（傷害）・第 205 条（傷害致死）の罪
チ　刑法第 220 条（逮捕及び監禁）又は第 221 条（逮捕等致死傷）の罪	4　刑法第 220 条（逮捕及び監禁）及び第 221 条（逮捕等致死傷）の罪
リ　刑法第 224 条から第 228 条まで（未成年者略取及び誘拐、営利目的等略取及び誘拐、身の代金目的略取等、国外移送目的略取等、被略取者収受等、未遂罪）の罪	5　刑法第 224 条から第 228 条まで（未成年者略取及び誘拐，営利目的等略取及び誘拐，身の代金目的略取等，国外移送目的略取及び誘拐，人身売買，被略取者等、所在国外移送，被略取者引渡し等，未遂罪）の罪
	6　刑法第 235 条（窃盗），第 236 条第 1 項（強盗）若しくは第 240 条（強盗致死傷）の罪又はこれらの罪の未遂罪
ヌ　刑法第 240 条（強盗致死傷）若しくは第 241 条（強盗強姦及び同致死）の罪又はこれらの罪の未遂罪	7　刑法第 246 条第 1 項（詐欺），第 246 条の 2（電子計算機使用詐欺）若しくは第 249 条第 1 項（恐喝）の罪又はこれらの罪の未遂罪
2　爆発物取締罰則第 1 条（爆発物の使用）又は第 2 条（使用の未遂）の罪	二 爆発物取締罰則第 1 条（爆発物の使用）又は第 2 条（使用の未遂）の罪
3　盗犯等の防止及び処分に関する法律第 4 条（常習強盗致傷等）の罪	
4　大麻取締法第 24 条（栽培、輸入等）又は第 24 条の 2（所持、譲渡し等）の罪	別表第一

5　道路運送法第104条第2項後段（一般乗合旅客自動車運送事業用自動車転覆等致死）の罪又は同項後段の例により処断すべき罪	
6　覚せい剤取締法第41条（輸入等）若しくは第41条の2（所持、譲渡し等）の罪、同法第41条の3第1項第3号（覚せい剤原料の輸入等）若しくは第4号（覚せい剤原料の製造）の罪若しくはこれらの罪に係る同条第2項（営利目的の覚せい剤原料の輸入等）の罪若しくはこれらの罪の未遂罪又は同法第41条の4第1項第3号（覚せい剤原料の所持）若しくは第4号（覚せい剤原料の譲渡し等）の罪若しくはこれらの罪に係る同条第2項（営利目的の覚せい剤原料の所持、譲渡し等）の罪若しくはこれらの罪の未遂罪	別表第一
7　出入国管理及び難民認定法第74条（集団密航者を不法入国させる行為等）、第74条の2（集団密航者の輸送）又は第74条の4（集団密航者の収受等）の罪	別表第一
8　麻薬及び向精神薬取締法第64条（ジアセチルモルヒネ等の輸入等）、第64条の2（ジアセチルモルヒネ等の譲渡し、所持等）、第65条（ジアセチルモルヒネ等以外の麻薬の輸入等）、第66条（ジアセチルモルヒネ等以外の麻薬の譲渡し、所持等）、第66条の3（向精神薬の輸入等）又は第66条の4（向精神薬の譲渡し等）の罪	別表第一
9　武器等製造法第31条（銃砲の無許可製造）又は第31条の2第1号（銃砲以外の武器の無許可製造）の罪	別表第一
10　あへん法第51条（けしの栽培、あへんの輸入等）又は第52条（あへん等の譲渡し、所持等）の罪	
11　高速自動車国道法第27条第2項後段（高速自動車国道損壊等による自動車転覆等致死）の罪	別表第一
12　銃砲刀剣類所持等取締法第31条から第31条の4まで（けん銃等の発射、輸入、所持、譲渡し等）、第31条の7から第31条の9まで（けん銃実包の輸入、所持、譲	別表第一

渡し等)、第31条の11第1項第2号（けん銃部品の輸入）若しくは第2項（未遂罪）又は第31条の16第1項第2号（けん銃部品の所持）若しくは第3号（けん銃部品の譲渡し等）若しくは第2項（未遂罪）の罪	
13 航空機の強取等の処罰に関する法律第1条（航空機の強取等）又は第2条（航空機強取等致死）の罪	
14 航空の危険を生じさせる行為等の処罰に関する法律第2条（航行中の航空機を墜落させる行為等）の罪若しくは同条第1項の罪の未遂罪又は同法第3条第2項（業務中の航空機の破壊等致死）の罪	
15 人質による強要行為等の処罰に関する法律第1条から第4条まで（人質による強要等、加重人質強要、人質殺害）の罪	
16 流通食品への毒物の混入等の防止等に関する特別措置法第9条第2項（流通食品への毒物混入等致死傷）の罪	
17 国際的な協力の下に規制薬物に係る不正行為を助長する行為等の防止を図るための麻薬及び向精神薬取締法等の特例等に関する法律第5条(業として行う不法輸入等)の罪	別表第一
18 化学兵器の禁止及び特定物質の規制等に関する法律第38条（化学兵器の使用）の罪	
19 サリン等による人身被害の防止に関する法律第5条第1項（発散させる行為）又は第2項（未遂罪）の罪	
20 組織的な犯罪の処罰及び犯罪収益の規制等に関する法律第3条第1項第7号に掲げる罪に係る同条（組織的な殺人）の罪又はその未遂罪	別表第一
	三 児童買春，児童ポルノに係る行為等の処罰及び児童の保護等に関する法律第7条第4項（児童ポルノ等の不特定又は多数の者に対する提供等）又は第5項（不特定又は多数の者に対する提供等の目的による児童ポルノの製造等）の罪

【資料13】傍受令状発布の要件

傍受令状発布の要件

現行法	改正法
実体要件 嫌疑の充分性 罪が犯されたと疑うに足りる十分な理由の存在	同右
共謀要件 数人の共謀によるもの	同右
特別要件 補充性の要件 他の方法によっては、犯人を特定し、又は犯行の状況若しくは内容を明らかにすることが著しく困難であるとき	同右
	組織性の要件 当該罪に当たる行為が、あらかじめ定められた役割分担に従って行動する人の結合体により行われるもの

参考条文

組織的犯罪処罰法２条

「団体」とは、共同の目的を有する多数人の継続的結合体であって、その目的又は意思を実現する行為の全部または一部が組織により反復して行われるものをいう。

組織：指揮命令に基づき、あらかじめ定められた任務の分担に従って構成員が一体として行動する人の結合体

【資料 14】通信傍受手続の合理化・効率化に伴う問題点

○　通信事業者から捜査機関への通信の送信方式

1　通信事業者の施設における一時的保存方式（20 条以降）

暗号化→復号化→再生→傍受

スポット傍受の実施

暗号化信号の消去（22 条）

2　特定電子計算機を用いたリアルタイム方式（23 条 1 項 1 号）

暗号化→暗号化信号とともに、捜査機関の施設へ送信→復号化→再生→傍受

3　特定電子計算機を用いた一時的保存方式（23 条 1 項 2 号）

暗号化→暗号化信号とともに、捜査機関の施設へ送信→一時的保存→再生→傍受

一時的保存したものの再生については、21 条 3 項～ 6 項の適用

○　立会の廃止に伴う特定電子計算機の機能（23 条 2 項）

一時的保存の処理機能

復号の処理機能

自動的な記録機能

通話の開始日時等の情報の原信号化と暗号化した上での記録機能

暗号化をすることなく、記録する機能

復号以外での使用防止機能

暗号海外での処理防止機能

自動的に除去する機能

【資料15】盗聴の合理化・効率化に関する
デロイト・トーマツ・コンサルティング社による検証結果

1　前提的課題

(1) 情報セキュリティの脅威の分類

人為的脅威（意図的脅威と偶発的脅威）と環境的脅威

(2) 脅威を有するアクターの定義

捜査機関が、適正な通信傍受手続により得られる以上に情報を取得する事

捜査機関が、適正に作成された原記録とは異なる記録を原記録として裁判所に提出する事

通信網を通じて通信傍受内容が漏えいする事

(3) 想定すべきアクター

＃	アクター	アクターの性質	意図的脅威	偶発的脅威	考え方
1	警察庁	対処すべきリスクを発現させ、偶発的脅威に加え、意図的脅威を引き起こし得る存在と仮定	○	○	警察等の捜査機関による不正な情報の取得や原記録の作成ができないシステムを構築することが必要
2	都道府県警察		○	○	
3	検察庁		○	○	
4	裁判所	作業ミス等により偶発的な脅威を引き起こす可能性を有する存在と仮定	—	○	意図的脅威を引き起こす動機を有しておらず、作業ミス等の偶発的な脅威の主体と想定
5	通信当事者		—	○	
6	サービス提供事業者		—	○	
7	通信当事者・被疑者・犯罪組織	通信傍受内容を摂取・漏洩する可能性を有する存在と仮定	△	△	通信傍受のいずれのプロセスにおいても直接的行為者ではなく、通信網を通じてのみ限定的な脅威を発現させうる
8	一般大衆		△	△	

○：脅威として認識
△：限定的な脅威として認識
—：脅威として認識しない

2　検証結果

改正盗聴法案23条2項で義務付けられた特定電子計算機の機能	デロイト・トーマツによる提案
	①推測が困難な鍵の生成 鍵データが解析され、通信網を通じて通信内容が漏えいするリスクが考えることから、推測が困難な鍵の生成を行う必要 ソフトウエアの作りこみ
	②鍵媒体の耐タンパ性 鍵媒体に保存された鍵データを捜査機関の捜査員が取り出し、不正を行うといった疑念を生じさせるリスクが考えることから、鍵媒体の耐タンパ性を実現する必要 USBトークン又はICカードの採用
	③正規装置以外で動作しない鍵 ④送信装置から受信装置の真正性を確認 捜査機関の捜査員が正規・真正な装置の使用を担保するための対策として、正規装置以外で動作しない鍵及び受信装置の真正性の確認を組み合わせた「鍵媒体による装置認証」の実現 裁判所が保管する鍵生成装置において認証鍵を生成することで、認証鍵生成のプロセスに警察庁が関与しないことが担保できる 「鍵生成装置で鍵ペアを生成」の採用
伝送された暗号化信号について一時的保存の処理を行う機能	⑦送信装置、受信装置における自動処理 受信装置は以下の処理を自動的に行う。 ・暗号化された通信を受信して、挿入した鍵媒体に保存された鍵を用いて、当該信号を復号する。 ・復号された通信をスポット傍受の設定に従って、音声として再生するとともに、再生した通信は、挿入された鍵媒体に保存された鍵を用いて暗号化した上で原記録媒体に自動的に記録する。同内容を、暗号化せずに傍受記録作成用媒体に自動的に記録する。 手作業による作業漏れの結果、送信装置において通信暗号化が施されない又は受信装置において原記録用媒体が作成されないリスク

	の発生 送信装置、受信装置における当該処理の自動化 ソフトウェアの作り込み
伝送された暗号化信号について復号の処理を行う機能	⑥鍵を用いて暗号化して送信装置から受信装置に送信 装置に挿入した鍵媒体に保存された鍵を用いて暗号化した上で送信する。 ⑨原記録再生装置において鍵を用いて復号、再生 捜査機関の捜査員が通信内容を必要以上に傍受するといった疑念を生じさせる懸念 原記録再生装置での鍵を用いた復号、再生
前項第一号の規定による傍受をした通信にあたってはその傍受と同時に、第四項の規定による再生をした通信にあってはその再生と同時に、全て、自動的に、暗号化の処理をして記録媒体に記録する機能	⑦送信装置、受信装置における自動処理 受信装置は以下の処理を自動的に行う。 ・暗号化された通信を受信して、挿入した鍵媒体に保存された鍵を用いて、当該信号を復号する。 ・復号された通信をスポット傍受の設定に従って、音声として再生するとともに、再生した通信は、挿入された鍵媒体に保存された鍵を用いて暗号化した上で原記録媒体に自動的に記録する。同内容を、暗号化せずに傍受記録作成用媒体に自動的に記録する。 手作業による作業漏れの結果、送信装置において通信暗号化が施されない又は受信装置において原記録用媒体が作成されないリスクの発生 送信装置、受信装置における当該処理の自動化 ソフトウェアの作り込み
傍受の実施をしている間における通話の開始及び終了の年月日時、前項第一号の規定による傍受をした通信の開始及び終了の年月日時、第四項の規定による再生をした通信の開始及び終了の年月日時その他政令で定める事項に関する情報を伝達する原信号を作成し、当該原信号について、自動的に、暗号化の処理をして前号の記録媒体に記録する機能	⑤送信装置において受信装置の設定を表示 送信装置を用いて、これから接続する受信装置の装置名、設定されたスポット傍受の時間、傍受可能期間、設定された令状番号を表示する。 受信装置の設定ミスにより必要以上に傍受を実施してしまうリスク 送信装置において受信装置の設定の表示を実現する

第三号の記録媒体に記録される同号の通信及び前号の原信号について、前二号に掲げる機能により当該記録媒体に記録するのと同時に、暗号化の処理をすることなく他の記録媒体に記録する機能	⑦送信装置、受信装置における自動処理 受信装置は以下の処理を自動的に行う。 ・暗号化された通信を受信して、挿入した鍵媒体に保存された鍵を用いて、当該信号を復号する。 ・復号された通信をスポット傍受の設定に従って、音声として再生するとともに、再生した通信は、挿入された鍵媒体に保存された鍵を用いて暗号化した上で原記録媒体に自動的に記録する。同内容を、暗号化せずに傍受記録作成用媒体に自動的に記録する。 手作業による作業漏れの結果、送信装置において通信暗号化が施されない又は受信装置において原記録用媒体が作成されないリスクの発生 送信装置、受信装置における当該処理の自動化 ソフトウェアの作り込み
入力された対応変換符号（第九条第二号ロの規定により提供されたものに限る。）が第二号に規定する復号以外の処理に用いられることを防止する機能	⑩送信装置、受信装置の改ざん防止機能 送信装置、受信装置（及び原記録再生装置）の改ざんを防止する。 捜査機関の捜査員が送信装置、受信装置を改ざんして原記録を改ざんする、通信内容を必要以上に傍受するといった疑念を生じさせるリスク
入力された変換符号（第九条第二号ロの規定により提供されたものに限る。）が第三号及び第四号に規定する暗号化以外の処理に用いられることを防止する機能	⑩送信装置、受信装置の改ざん防止機能 送信装置、受信装置（及び原記録再生装置）の改ざんを防止する。 捜査機関の捜査員が送信装置、受信装置を改ざんして原記録を改ざんする、通信内容を必要以上に傍受するといった疑念を生じさせるリスク
第一号に規定する一時的保存をされた暗号化信号について、第二号に規定する復号をした時に、全て、自動的に消去する機能	⑦送信装置、受信装置における自動処理 受信装置は以下の処理を自動的に行う。 ・暗号化された通信を受信して、挿入した鍵媒体に保存された鍵を用いて、当該信号を復号する。 ・復号された通信をスポット傍受の設定に従って、音声として再生するとともに、再生した通信は、挿入された鍵媒体に保存された鍵を用いて暗号化した上で原記録媒体に自動的に記録する。同内容を、暗号化せずに傍受記録作成用媒体に自動的に記録する。

	手作業による作業漏れの結果、送信装置において通信暗号化が施されない又は受信装置において原記録用媒体が作成されないリスクの発生 送信装置、受信装置における当該処理の自動化 ソフトウェアの作り込み
	⑧受信装置の鍵を挿入している間のみの動作 捜査機関の捜査員が通信内容を必要以上に傍受するといった懸念を生じさせる可能性といったリスク 受信装置の鍵を挿入している間のみの動作の実現
	⑪送信装置、受信装置の制限 送信装置、受信装置は以下に例示する機能を有する。 ・ハードディスクの暗号化 ・ソフトウェアインストール・動作制限 ・装置に対するマルウェア及びウイルス対策 捜査機関の捜査員が送信装置、受信装置を改ざんして原記録を改ざんする、通信内容を必要以上に傍受するといった疑念を生じさせるリスク
	⑫送信装置、受信装置、原記録再生装置等が仕様書通りであることの確認 仕様書通りに製造されていることの証明書の提出
	⑬論理的に独立した通信網 送信装置、受信装置をつなぐ通信回線は、専用線又は警察回線を用いる。(外部との接続はないものとする。)
	⑭傍受記録作成等装置による傍受記録の再生、編集等 傍受記録再生等装置は、傍受記録作成用媒体を再生、編集等する。

デロイト・トーマツ・コンサルティング株式会社『通信傍受法改正検討に伴う技術的措置に関する調査研究に係る報告書』(2015年3月25日) 16頁～28頁参照。

参照条文

通信盗聴法改正法案新旧対照表

改正案	現行
（傍受令状） 第三条　検察官又は司法警察員は、次の各号のいずれかに該当する場合において、当該各号に規定する犯罪（第二号及び第三号にあっては、その一連の犯罪をいう。）の実行、準備又は証拠隠滅等の事後措置に関する謀議、指示その他の相互連絡その他当該犯罪の実行に関連する事項を内容とする通信（以下この項において「犯罪関連通信」という。）が行われると疑うに足りる状況があり、かつ、他の方法によっては、犯人を特定し、又は犯行の状況若しくは内容を明らかにすることが著しく困難であるときは、裁判官の発する傍受令状により、電話番号その他発信元又は発信先を識別するための番号又は符号（以下「電話番号等」という。）によって特定された通信の手段（以下「通信手段」という。）であって、被疑者が通信事業者等との間の契約に基づいて使用しているもの（犯人による犯罪関連通信に用いられる疑いがないと認められるものを除く。）又は犯人による犯罪関連通信に用いられると疑うに足りるものについて、これを用いて行われた犯罪関連通信の傍受をすることができる。 一　別表第一又は別表第二に掲げる罪が犯されたと疑うに足りる十分な理由がある場合において、当該犯罪が数人の共謀によるもの（別表第二に掲げる罪にあっては、当該罪に当たる行為が、あらかじめ定められた役割の分担に従って行動する人の結合体により行われるものに限る。次号及び第三号において同じ。）であると疑うに足りる状況があるとき。	（傍受令状） 第三条　検察官又は司法警察員は、次の各号のいずれかに該当する場合において、当該各号に規定する犯罪（第二号及び第三号にあっては、その一連の犯罪をいう。）の実行、準備又は証拠隠滅等の事後措置に関する謀議、指示その他の相互連絡その他当該犯罪の実行に関連する事項を内容とする通信（以下この項において「犯罪関連通信」という。）が行われると疑うに足りる状況があり、かつ、他の方法によっては、犯人を特定し、又は犯行の状況若しくは内容を明らかにすることが著しく困難であるときは、裁判官の発する傍受令状により、電話番号その他発信元又は発信先を識別するための番号又は符号（以下「電話番号等」という。）によって特定された通信の手段（以下「通信手段」という。）であって、被疑者が通信事業者等との間の契約に基づいて使用しているもの（犯人による犯罪関連通信に用いられる疑いがないと認められるものを除く。）又は犯人による犯罪関連通信に用いられると疑うに足りるものについて、これを用いて行われた犯罪関連通信の傍受をすることができる。 一　別表に掲げる罪が犯されたと疑うに足りる十分な理由がある場合において、当該犯罪が数人の共謀によるものであると疑うに足りる状況があるとき。
別表第一（第三条、第十四条関係） （略） 別表第二（第三条、第十四条関係） 一　爆発物取締罰則（明治十七年太政官布告第三十二号）第一条（爆発物の使用）又は第二条（使用の未遂）の罪 二イ　刑法（明治四十年法律第四十五号）第百八条（現住建造物等放火）の罪又はその未遂罪	別表（第三条、第十四条関係） （略） （新設）

ロ　刑法第百九十九条（殺人）の罪又はその未遂罪 ハ　刑法第二百四条（傷害）又は第二百五条（傷害致死）の罪 ニ　刑法第二百二十条（逮捕及び監禁）又は第二百二十一条（逮捕等致死傷）の罪 ホ　刑法第二百二十四条から第二百二十八条まで（未成年者略取及び誘拐、営利目的等略取及び誘拐、身の代金目的略取等、所在国外移送目的略取及び誘拐、人身売買、被略取者等所在国外移送、被略取者引渡し等、未遂罪）の罪 ヘ　刑法第二百三十五条（窃盗）、第二百三十六条第一項（強盗）若しくは第二百四十条（強盗致死傷）の罪又はこれらの罪の未遂罪 ト　刑法第二百四十六条第一項（詐欺）、第二百四十六条の二（電子計算機使用詐欺）若しくは第二百四十九条第一項（恐喝）の罪又はこれらの罪の未遂罪 三　児童買春、児童ポルノに係る行為等の規制及び処罰並びに児童の保護等に関する法律（平成十一年法律第五十二号）第七条第六項（児童ポルノ等の不特定又は多数の者に対する提供等）又は第七項（不特定又は多数の者に対する提供等の目的による児童ポルノの製造等）の罪	
（定義） 第二条（略） ２・３（略） ４　この法律において「暗号化」とは、通信の内容を伝達する信号、通信日時に関する情報を伝達する信号その他の信号であって、電子計算機による情報処理の用に供されるもの（以下「原信号」という。）について、電子計算機及び変換符号（信号の変換処理を行うために用いる符号をいう。以下同じ。）を用いて変換処理を行うことにより、当該変換処理に用いた変換符号と対応する変換符号（以下「対応変換符号」という。）を用いなければ復元することができないようにすることをいい、「復号」とは、暗号化により作成された信号（以下「暗号化信号」という。）について、電子計算機及び対応変換符号を用いて変換処理を行うことにより、原信号を復元することをいう。	（定義） 第二条（略） ２・３（略） （新設）

5　この法律において「一時的保存」とは、暗号化信号について、その復号がなされるまでの間に限り、一時的に記録媒体に記録して保存することをいう。	（新設）
6　この法律において「再生」とは、一時的保存をされた暗号化信号（通信の内容を伝達する信号に係るものに限る。）の復号により復元された通信について、電子計算機を用いて、音の再生、文字の表示その他の方法により、人の聴覚又は視覚により認識することができる状態にするための処理をすることをいう。	（新設）
（傍受令状の発付）	（傍受令状の発付）
第五条（略）	第五条（略）
2（略）	2（略）
3　裁判官は、前条第三項の請求があったときは、同項の請求を相当と認めるときは、当該請求に係る許可をするものとする。	（新設）
4　裁判官は、前項の規定により第二十条第一項の許可をするときは、傍受の実施の場所として、通信管理者等（通信手段の傍受の実施をする部分を管理する者（会社その他の法人又は団体にあっては、その役職員）又はこれに代わるべき者をいう。以下同じ。）の管理する場所を定めなければならない。この場合において、前条第三項の請求をした者から申立てがあり、かつ、当該申立てに係る傍受の実施の場所の状況その他の事情を考慮し、相当と認めるときは、指定期間（第二十条第一項に規定する指定期間をいう。以下この項において同じ。）における傍受の実施の場所及び指定期間以外の期間における傍受の実施の場所をそれぞれ定めるものとする。	（新設）
（傍受令状の記載事項）	（傍受令状の記載事項）
第六条（略）	第六条（略）
2　裁判官は、前条第三項の規定により第二十条第一項の許可又は第二十三条第一項の許可をするときは、傍受令状にその旨を記載するものとする。	（新設）
（変換符号及び対応変換符号の作成等）	
第九条　裁判所書記官その他の裁判所の職員は、次の各号に掲げる場合には、裁判官の命を受けて、当該各号に定める措置を執るものとする。 一　傍受令状に第二十条第一項の許可をする旨の記載があるとき同項の規定による暗号化に用いる変換符号及びその対応変換符号を作成し、これらを通信管理者等に提供すること。 二　傍受令状に第二十三条第一項の許可をする旨の記載があるとき次のイからハま	（新設）

第Ⅲ部　資料編

でに掲げる措置 イ　第二十三条第一項の規定による暗号化に用いる変換符号を作成し、これを通信管理者等に提供すること。 ロ　イの変換符号の対応変換符号及び第二十六条第一項の規定による暗号化に用いる変換符号を作成し、これらを検察官又は司法警察員が傍受の実施に用いるものとして指定した特定電子計算機（第二十三条第二項に規定する特定電子計算機をいう。）以外の機器において用いることができないようにするための技術的措置を講じた上で、これらを検察官又は司法警察員に提供すること。 ハ　ロの検察官又は司法警察員に提供される変換符号の対応変換符号を作成し、これを保管すること。	
（一時的保存を命じて行う通信傍受の実施の手続） 第二十条　検察官又は司法警察員は、裁判官の許可を受けて、通信管理者等に命じて、傍受令状の記載するところに従い傍受の実施をすることができる期間（前条の規定により傍受の実施を終了した後の期間を除く。）内において検察官又は司法警察員が指定する期間（当該期間の終期において第十八条の規定により傍受の実施を継続することができるときは、その継続することができる期間を含む。以下「指定期間」という。）に行われる全ての通信について、第九条第一号の規定により提供された変換符号を用いた原信号（通信の内容を伝達するものに限る。）の暗号化をさせ、及び当該暗号化により作成される暗号化信号について一時的保存をさせる方法により、傍受をすることができる。この場合における傍受の実施については、第十三条の規定は、適用しない。 ２　検察官又は司法警察員は、前項の規定による傍受をするときは、通信管理者等に命じて、指定期間内における通話の開始及び終了の年月日時に関する情報を伝達する原信号について、同項に規定する変換符号を用いた暗号化をさせ、及び当該暗号化により作成される暗号化信号について一時的保存をさせるものとする。 ３　検察官又は司法警察員は、第一項の規定	（新設）

による傍受をするときは、次条第七項の手続の用に供するため、通信管理者等に対し、同項の手続が終了するまでの間第一項の規定による傍受をする通信の相手方の電話番号等の情報を保存することを求めることができる。この場合においては、第十七条第二項後段の規定を準用する。 4　通信管理者等が前項の電話番号等の情報を保存することができないときは、検察官又は司法警察員は、これを保存することができる通信事業者等に対し、次条第七項の手続の用に供するための要請である旨を告知して、同項の手続が終了するまでの間これを保存することを要請することができる。この場合においては、第十七条第三項後段の規定を準用する。 5　検察官及び司法警察員は、指定期間内は、傍受の実施の場所に立ち入ってはならない。 6　検察官及び司法警察員は、指定期間内においては、第一項に規定する方法によるほか、傍受の実施をすることができない。 7　第一項の規定による傍受をした通信の復号による復元は、次条第一項の規定による場合を除き、これをすることができない。	
第二十一条　検察官又は司法警察員は、前条第一項の規定による傍受をしたときは、傍受の実施の場所（指定期間以外の期間における傍受の実施の場所が定められているときは、その場所）において、通信管理者等に命じて、同項の規定により一時的保存をされた暗号化信号について、第九条第一号の規定により提供された対応変換符号を用いた復号をさせることにより、同項の規定による傍受をした通信を復元させ、同時に、復元された通信について、第三項から第六項までに定めるところにより、再生をすることができる。この場合における再生の実施（通信の再生をすること並びに一時的保存のために用いられた記録媒体について直ちに再生をすることができる状態で一時的保存の状況の確認及び暗号化信号の復号をすることをいう。以下同じ。）については、第十一条から第十三条までの規定を準用する。 2　検察官又は司法警察員は、前項の規定による再生の実施をするときは、通信管理者等に命じて、前条第二項の規定により一時的保存をされた暗号化信号について、前項に規定する対応変換符号を用いた復号をさせることにより、同条第二項の規定により暗号化をされた通話の開始及び終了の年月	（新設）

日時に関する情報を伝達する原信号を復元させるものとする。 3　検察官又は司法警察員は、第一項の規定による復号により復元された通信のうち、傍受すべき通信に該当する通信の再生をすることができるほか、傍受すべき通信に該当するかどうか明らかでないものについては、傍受すべき通信に該当するかどうかを判断するため、これに必要な最小限度の範囲に限り、当該通信の再生をすることができる。 4　検察官又は司法警察員は、第一項の規定による復号により復元された通信のうち、外国語による通信又は暗号その他その内容を即時に復元することができない方法を用いた通信であって、再生の時にその内容を知ることが困難なため、傍受すべき通信に該当するかどうかを判断することができないものについては、その全部の再生をすることができる。この場合においては、速やかに、傍受すべき通信に該当するかどうかの判断を行わなければならない。 5　検察官又は司法警察員は、第一項の規定による復号により復元された通信の中に、第十五条に規定する通信があるときは、当該通信の再生をすることができる。 6　第十六条の規定は、第一項の規定による復号により復元された通信の再生をする場合について準用する。 7　検察官又は司法警察員は、前条第一項の規定による傍受をした通信について、これが傍受すべき通信若しくは第五項の規定により再生をすることができる通信に該当するものであるとき、又は第三項若しくは第四項の規定による傍受すべき通信に該当するかどうかの判断に資すると認めるときは、同条第三項の規定による求め又は同条第四項の規定による要請に係る電話番号等のうち当該通信の相手方のものの開示を受けることができる。この場合においては、第十七条第一項後段の規定を準用する。 8　第一項の規定による再生の実施は、傍受令状に記載された傍受ができる期間内に終了しなかったときは、傍受令状に記載された傍受ができる期間の終了後できる限り速やかに、これを終了しなければならない。 9　第一項の規定による再生の実施は、傍受の理由又は必要がなくなったときは、傍受令状に記載された傍受ができる期間内であっても、その開始前にあってはこれを開始してはならず、その開始後にあってはこれを終了しなければならない。ただし、傍	

受の理由又は必要がなくなるに至るまでの間に一時的保存をされた暗号化信号については、傍受すべき通信に該当する通信が行われると疑うに足りる状況がなくなったこと又は傍受令状に記載された傍受の実施の対象とすべき通信手段が被疑者が通信事業者等との間の契約に基づいて使用しているものではなくなったこと若しくは犯人による傍受すべき通信に該当する通信に用いられると疑うに足りるものではなくなったことを理由として傍受の理由又は必要がなくなった場合に限り、再生の実施をすることができる。	
第二十二条　通信管理者等は、前条第一項の規定による復号が終了したときは､直ちに､第二十条第一項の規定により一時的保存をした暗号化信号を全て消去しなければならない。前条第二項の規定による復号が終了した場合における第二十条第二項の規定により一時的保存をした暗号化信号についても、同様とする。	(新設)
2　検察官又は司法警察員は、前条第一項の規定による再生の実施を終了するとき又は同条第九項の規定により再生の実施を開始してはならないこととなったときに、第二十条第一項及び第二項の規定により一時的保存をされた暗号化信号であって前条第一項及び第二項の規定による復号をされていないものがあるときは、直ちに、通信管理者等に命じて、これを全て消去させなければならない。	
(特定電子計算機を用いる通信傍受の実施の手続)	
第二十三条　検察官又は司法警察員は、裁判官の許可を受けて､通信管理者等に命じて､傍受の実施をしている間に行われる全ての通信について、第九条第二号イの規定により提供された変換符号を用いた原信号（通信の内容を伝達するものに限る。）の暗号化をさせ、及び当該暗号化により作成される暗号化信号を傍受の実施の場所に設置された特定電子計算機に伝送させた上で､次のいずれかの傍受をすることができる。この場合における傍受の実施については､第十三条の規定は適用せず、第二号の規定による傍受については、第二十条第三項及び第四項の規定を準用する。	(新設)
一　暗号化信号を受信するのと同時に、第九条第二号ロの規定により提供された対応変換符号を用いて復号をし、復元された通信について、第三条及び第十四条から第十六条までに定めるところにより、	

傍受をすること。 二　暗号化信号を受信するのと同時に一時的保存をする方法により、当該暗号化信号に係る原信号によりその内容を伝達される通信の傍受をすること。 2 前項に規定する「特定電子計算機」とは、次に掲げる機能の全てを有する電子計算機をいう。 一　伝送された暗号化信号について一時的保存の処理を行う機能 二　伝送された暗号化信号について復号の処理を行う機能 三　前項第一号の規定による傍受をした通信にあってはその傍受と同時に、第四項の規定による再生をした通信にあってはその再生と同時に、全て、自動的に、暗号化の処理をして記録媒体に記録する機能 四　傍受の実施をしている間における通話の開始及び終了の年月日時、前項第一号の規定による傍受をした通信の開始及び終了の年月日時、第四項の規定による再生をした通信の開始及び終了の年月日時その他政令で定める事項に関する情報を伝達する原信号を作成し、当該原信号について、自動的に、暗号化の処理をして前号の記録媒体に記録する機能 五　第三号の記録媒体に記録される同号の通信及び前号の原信号について、前二号に掲げる機能により当該記録媒体に記録するのと同時に、暗号化の処理をすることなく他の記録媒体に記録する機能 六　入力された対応変換符号（第九条第二号ロの規定により提供されたものに限る。）が第二号に規定する復号以外の処理に用いられることを防止する機能 七　入力された変換符号（第九条第二号ロの規定により提供されたものに限る。）が第三号及び第四号に規定する暗号化以外の処理に用いられることを防止する機能 八　第一号に規定する一時的保存をされた暗号化信号について、第二号に規定する復号をした時に、全て、自動的に消去する機能 3　検察官及び司法警察員は、傍受令状に第一項の許可をする旨の記載がある場合には、同項に規定する方法によるほか、傍受の実施をすることができない。 4　検察官又は司法警察員は、第一項第二号の規定による傍受をしたときは、傍受の実施の場所において、同号の規定により一時	

的保存をした暗号化信号について、特定電子計算機（第二項に規定する特定電子計算機をいう。第六項及び第二十六条第一項において同じ。）を用いて、第九条第二号ロの規定により提供された対応変換符号を用いた復号をすることにより、第一項第二号の規定による傍受をした通信を復元し、同時に、復元された通信について、第二十一条第三項から第六項までの規定の例により、再生をすることができる。この場合における再生の実施については、第十一条、第十二条及び第二十一条第七項から第九項までの規定を準用する。 5　第一項第二号の規定による傍受をした通信の復号による復元は、前項の規定による場合を除き、これをすることができない。 6　検察官又は司法警察員は、第一項第二号の規定により一時的保存をした暗号化信号については、特定電子計算機の機能により自動的に消去されるもの以外のものであっても、第四項の規定による再生の実施を終了するとき又は同項において準用する第二十一条第九項の規定により再生の実施を開始してはならないこととなったときに、第四項の規定による復号をしていないものがあるときは、直ちに、全て消去しなければならない。	
（記録媒体の封印等） 第二十五条（略） 2 第二十一条第一項の規定による再生をした通信を前条第一項前段の規定により記録をした記録媒体については、再生の実施を中断し又は終了したときは、速やかに、立会人にその封印を求めなければならない。再生の実施をしている間に記録媒体の交換をしたときその他記録媒体に対する記録が終了したときも、同様とする。	（記録媒体の封印等） 第二十条（略） （新設）
（特定電子計算機を用いる通信傍受の記録等） 第二十六条　第二十三条第一項の規定による傍受をしたときは、前二条の規定にかかわらず、特定電子計算機及び第九条第二号ロの規定により提供された変換符号を用いて、傍受をした通信（同項第二号の規定による傍受の場合にあっては、第二十三条第四項の規定による再生をした通信。以下この項及び次項において同じ。）について、全て、暗号化をして記録媒体に記録するとともに、傍受の実施をしている間における通話の開始及び終了の年月日時、傍受をした通信の開始及び終了の年月日時その他政令で定める事項について、暗号化をして当	（新設）

該記録媒体に記録しなければならない。 2　前項の場合においては、第二十九条第三項又は第四項の手続の用に供するため、同時に、傍受をした通信及び前項に規定する事項について、全て、他の記録媒体に記録するものとする。 3　第二十三条第一項の規定による傍受の実施（同項第二号の規定によるものの場合にあっては、同条第四項の規定による再生の実施）を中断し又は終了するときは、その時に使用している記録媒体に対する記録を終了しなければならない。 4　第一項の規定により記録をした記録媒体については、傍受の実施の終了後（傍受の実施を終了する時に第二十三条第一項第二号の規定により一時的保存をした暗号化信号であって同条第四項の規定による復号をしていないものがあるときは、再生の実施の終了後）、遅滞なく、前条第四項に規定する裁判官に提出しなければならない。 （傍受の実施の状況を記載した書面等の提出等） 第二十七条　（略） 2 検察官又は司法警察員は、第二十三条第一項第一号の規定による傍受の実施をしたときは、前項の規定にかかわらず、傍受の実施の終了後、遅滞なく、次に掲げる事項を記載した書面を、第二十五条第四項に規定する裁判官に提出しなければならない。同号の規定による傍受の実施をした後に第七条の規定により傍受ができる期間の延長を請求する時も、同様とする。 一　第二十三条第一項第一号の規定による傍受の実施の開始、中断及び終了の年月日時 二　第二十三条第一項第一号の規定による傍受の実施をしている間における通話の開始及び終了の年月日時 三　第二十三条第一項第一号の規定による傍受をした通信については、傍受の根拠となった条項、その開始及び終了の年月日時並びに通信の当事者の氏名その他その特定に資する事項 四　第十五条に規定する通信については、当該通信に係る犯罪の罪名及び罰条並びに当該通信が同条に規定する通信に該当すると認めた理由 五　傍受の実施をしている間において記録媒体の交換をした年月日時 六　前各号に掲げるもののほか、第二十三条第一項第一号の規定による傍受の実施の状況に関し最高裁判所規則で定める事	 （傍受の実施の状況を記載した書面の提出等） 第二十一条　（略） （新設）

項 第二十八条　検察官又は司法警察員は、傍受の実施をした期間のうちに第二十条第一項の規定による傍受の実施をした期間があるときは、前条第一項の規定にかかわらず、傍受の実施の終了後（傍受の実施を終了する時に第二十条第一項の規定により一時的保存をされた暗号化信号であって第二十一条第一項の規定による復号をされていないものがあるときは、再生の実施の終了後）、遅滞なく、当該期間以外の期間に関しては前条第一項各号に掲げる事項を、第二十条第一項の規定による傍受の実施をした期間に関しては次に掲げる事項を、それぞれ記載した書面を、第二十五条第四項に規定する裁判官に提出しなければならない。第二十条第一項の規定による傍受の実施をした後に第七条の規定により傍受ができる期間の延長を請求する時も、同様とする。 一　指定期間の開始及び終了の年月日時 二　第二十条第一項の規定による傍受の実施　の開始、中断及び終了の年月日時 三　第二十条第一項の規定による傍受の実施をしている間における通話の開始及び終了の年月日時 四　第二十一条第一項の規定による再生の実施の開始、中断及び終了の年月日時 五　第二十一条第一項において準用する第十三条第一項の規定による立会人の氏名及び職業 六　第二十一条第一項において準用する第十三条第二項の規定により立会人が述べた意見 七　第三号に規定する通話のうち第二十一条第一項の規定による復号をされた暗号化信号、同項の規定による復号をされる前に消去された暗号化信号及びそれら以外の暗号化信号にそれぞれ対応する部分を特定するに足りる事項 八　第二十一条第一項の規定による再生をした通信については、再生の根拠となった条項、その開始及び終了の年月日時並びに通信の当事者の氏名その他その特定に資する事項 九　第十五条に規定する通信については、当該通信に係る犯罪の罪名及び罰条並びに当該通信が同条に規定する通信に該当すると認めた理由 十　再生の実施をしている間において記録媒体の交換をした年月日時 十一　第二十五条第二項の規定による封印の年月日時及び封印をした立会人の氏名	（新設）

十二　前各号に掲げるもののほか、第二十条第一項の規定による傍受の実施又は第二十一条第一項の規定による再生の実施の状況に関し最高裁判所規則で定める事項 2 検察官又は司法警察員は、傍受の実施をした期間のうちに第二十三条第一項第二号の規定による傍受の実施をした期間があるときは、前条第二項の規定にかかわらず、傍受の実施の終了後（傍受の実施を終了する時に同号の規定により一時的保存をした暗号化信号であって第二十三条第四項の規定による復号をしていないものがあるときは、再生の実施の終了後）、遅滞なく、当該期間以外の期間に関しては前条第二項各号に掲げる事項を、第二十三条第一項第二号の規定による傍受の実施をした期間に関しては次に掲げる事項を、それぞれ記載した書面を、第二十五条第四項に規定する裁判官に提出しなければならない。同号の規定による傍受の実施をした後に第七条の規定により傍受ができる期間の延長を請求する時も、同様とする。 一　第二十三条第一項第二号の規定による傍受の実施の開始、中断及び終了の年月日時 二　第二十三条第一項第二号の規定による傍受の実施をしている間における通話の開始及び終了の年月日時 三　第二十三条第四項の規定による再生の実施の開始、中断及び終了の年月日時 四　第二号に規定する通話のうち第二十三条第四項の規定による復号をした暗号化信号、同項の規定による復号をする前に消去した暗号化信号及びそれら以外の暗号化信号にそれぞれ対応する部分を特定するに足りる事項 五　第二十三条第四項の規定による再生をした通信については、再生の根拠となった条項、その開始及び終了の年月日時並びに通信の当事者の氏名その他その特定に資する事項 六　第十五条に規定する通信については、当該通信に係る犯罪の罪名及び罰条並びに当該通信が同条に規定する通信に該当すると認めた理由 七　再生の実施をしている間において記録媒体の交換をした年月日時 八　前各号に掲げるもののほか、第二十三条第一項第二号の規定による傍受の実施又は同条第四項の規定による再生の実施の状況に関し最高裁判所規則で定める事	

項 3　前二項に規定する書面の提出を受けた裁判官は、前条第一項第六号若しくは第二項第四号又は第一項第九号若しくは前項第六号の通信については、これが第十五条に規定する通信に該当するかどうかを審査し、これに該当しないと認めるときは、当該通信の傍受又は再生の処分を取り消すものとする。この場合においては、第三十三条第三項、第五項及び第六項の規定を準用する。	
（傍受記録の作成） 第二十九条　（略）	（傍受記録の作成） 第二十二条　（略）
2　検察官又は司法警察員は、再生の実施を中断し又は終了したときは、その都度、速やかに、再生をした通信の内容を刑事手続において使用するための記録一通を作成しなければならない。再生の実施をしている間に記録媒体の交換をしたときその他記録媒体に対する記録が終了したときも、同様とする。	（新設）
3（略）	3　（略）
4　第二項に規定する記録は、第二十四条第一項後段若しくは第二十六条第二項の規定により記録をした記録媒体又は第二十五条第三項の規定により作成した同条第二項の記録媒体の複製から、次に掲げる通信以外の通信の記録を消去して作成するものとする。 一　傍受すべき通信に該当する通信 二　第二十一条第四項（第二十三条第四項においてその例による場合を含む。次号において同じ。）の規定により再生をした通信であって、なおその内容を復元するための措置を要するもの 三　第二十一条第五項（第二十三条第四項においてその例による場合を含む。）の規定により再生をした通信及び第二十一条第四項の規定により再生をした通信であって第十五条に規定する通信に該当すると認められるに至ったもの 四　前三号に掲げる通信と同一の通話の機会に行われた通信	（新設）

足立昌勝（あだちまさかつ）

1943年生まれ。中央大学法学部卒業。同大学同大学院法学研究科博士課程を経て、静岡大学法経短期大学部、関東学院大学法学部教授・同大学同大学院法学研究科博士後期課程指導教授を歴任。中国山東大学客座教授、遼寧公安司法管理幹部学院客座教授。2014年3月、関東学院大学を定年退職。同大学より名誉教授の称号を授与される。

著書として、『国家刑罰権力と近代刑法の原点』『警察監視国家と市民生活』『近代刑法の実像』『刑法学批判序説』（いずれも白順社）、『共謀罪と治安管理社会』『さらば！共謀罪』（いずれも社会評論社）。古稀記念論文集として献呈されたものが、『近代刑法の現代的論点』（社会評論社）である。

現在、日弁連刑事法制委員会助言者。救援連絡センター代表。

改悪「盗聴法」その危険な仕組み

2016年5月25日　初版第1刷発行

著　者――足立昌勝
装　幀――右澤康之
発行人――松田健二
発行所――株式会社 社会評論社
東京都文京区本郷2-3-10
電話：03-3814-3861　Fax：03-3818-2808
http://www.shahyo.com
組　版――Lunaエディット.LLC
印刷・製本――倉敷印刷株式会社

Printed in japan